I0068631

Des Contrats Commerciaux

8F

34157

DU MÊME AUTEUR

La Pratique commerciale, un volume 375 pages, forte reliure toile, faisant partie de l'Encyclopédie scientifique du Dr Toulouse, Bibliothèque de psychologie appliquée. — O. Doin et Fils, édit., chez G. et M. Ravisse, 52, rue des Saints-Pères, Paris............................ 5 fr. »

Des Frais de Bureau. Leur proportion. Leur rapport avec la production. Comment les analyser. — Chez G. et M. Ravisse, 52, rue des Saints-Pères, Paris .... 1 fr. 50

La Vente et le Vendeur. Etude sur le relèvement de l'énergie commerciale. — La formation. L'éducation du vendeur. — Chez G. et M. Ravisse, 52, rue des Saints-Pères, Paris....... 1 fr. 50

Le Sténographe et le Dicteur. Traité des causes de l'infériorité du sténographe commercial. — L'art dans la pratique de la dictée. — Chez G. et M. Ravisse, 52, rue des Saints-Pères, Paris   1 fr. 50

Des Contrats Commerciaux

Leurs Préparations — Leurs Formules
Ce qu'ils doivent prévoir

par J.-H. HAENDEL

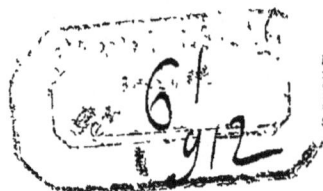

LE PROGRÈS CHASSE LA ROUTINE

BIBLIOTHÈQUE PRATIQUE DE L'HOMME D'AFFAIRES

G. & M. RAVISSE

ÉDITEURS

52, Rue des Saints-Pères

PARIS VII⋅

AVIS DES ÉDITEURS

*Comme le diplomate doit sans cesse se sou-
venir de cette parole de Thiers « qu'un bon
traité fait deux heureux », — ainsi, l'homme
d'affaires moderne doit-il toujours avoir pré-
sente à l'esprit cette vérité : « qu'un mauvais
contrat fait deux malheureux. »*

*Lorsque deux commerçants (qu'il s'agisse d'un
contrat de vente de marchandises, d'un contrat
de concession, d'un contrat de louage de services ! qui sont les plus fréquents) se lient l'un à
l'autre par les liens d'un contrat : c'est, l'un et
l'autre, pour en tirer profit.*

*Si le profit de l'un est exagéré eu égard au
profit de l'autre : ce dernier, dès qu'il s'en
apercevra, en ressentira un vif mécontentement ;
et ne remplira plus qu'à regret et avec toute la
mauvaise volonté possible les obligations d'un
contrat qui le lèse.*

*Certes il en suivra cependant la loi : il est
tenu. Mais il cherchera par tous les moyens
d'y échapper. Le co-contractant s'apercevra
bientôt de ce mauvais vouloir ; il s'en plaindra,
exigera ; puis se fâchera. Enfin, la situation
étant devenue intolérable, les tribunaux seront*

chargés d'y mettre fin. Du jugement qu'ils rendront, personne, soyez-en sûr, ne sera satisfait ; tous seront mécontents.

* *

Convaincus de cette vérité que la vraie sauvegarde et la seule sécurité à rechercher dans les contrats commerciaux réside bien plus dans la bonne foi et dans la loyauté des parties que dans les textes de lois ou les applications que les Tribunaux en ont faites, nous avons cru intéressant de nous adresser, pour écrire cet ouvrage, à un commerçant : estimant que le meilleur conseil, le meilleur avis que puisse demander un homme dans les affaires, il l'obtiendra de ceux qui, dans la pratique commerciale, ont acquis la notoriété, l'expérience et l'estime.

* *

Dans cette petite BIBLIOTHÈQUE PRATIQUE DE L'HOMME D'AFFAIRES, *dont nous commençons la publication, et dont le présent volume fait partie, notre but est d'aider le commerçant et l'industriel dans son labeur quotidien et dans les difficultés qui sans cesse se dressent devant lui.*

Nous avons fait appel, pour la rédaction des ouvrages qui doivent composer cette bibliothèque, non à des théoriciens, mais à des praticiens d'une expérience consommée.

Nous espérons que l'initiative toute nouvelle que nous avons prise aura le don de plaire au public pour lequel elle a été prise.

LES ÉDITEURS.

PRÉFACE

En présentant cet ouvrage sur les contrats d'affaires à tous ceux qui ont à préciser par écrit des arrangements verbaux arrêtés d'un commun accord, j'avertis le lecteur que je ne me suis pas proposé d'ajouter un complément aux nombreux commentaires déjà existants du Code de Commerce.

Préoccupé des conflits d'intérêt résultant autant des imprécisions de texte des contrats que de leur manque de clarté, j'en ai recherché les causes psychologiques. C'est de cette recherche qu'est née ma croyance en l'utilité d'un memento où seraient envisagées les circonstances générales pour établir un acte sain dans lequel les avantages opposés fussent nettement définis et brièvement exposés.

Dans la préparation des contrats se révèlent certaines causes inséparables issues des lois de l'Echange qui, bien déterminées, facilitent la connaissance des intérêts bi-latéraux par la prévoyance dans la réciprocité des engagements.

Ceux qui, pour la première fois, ont été aux prises avec la rédaction, d'un contrat commercial, ont souffert de la méconnaissance des facteurs devant assurer à l'acte l'équilibre indispensable à sa bonne tenue. Un contrat est non seulement le résumé d'accords intervenus et d'engagements acceptés, mais encore une analyse logique de la connexité des faits découlant forcément de ces accords.

Les hommes.d'affaires rompus à l'étude de ce genre de contrats diront qu'il s'en rencontre peu de précis et encore moins qui ne laissent, après leur signature, du doute ou de la contrainte.

C'est à dissiper ce doute et à détruire cette contrainte que je me suis appliqué dans l'étude qui va suivre.

J. H. HAENDEL,
Organisateur commercial.

INTRODUCTION

J'érige en principe que dans un contrat :

On ne prévoit jamais assez.

On n'est jamais assez court.

On n'est jamais assez précis.

La prévoyance ne s'exercera pleinement que lorsque les contractants auront respectivement pris une double position d'équilibre de leurs avantages, et d'équilibre de leurs risques.

Un contrat peut être établi dans un complet accord, sans, pour cela, satisfaire les intérêts opposés : je veux dire que, pour être sain et viable, un contrat doit avoir pour base primordiale une parfaite entente et une précision absolue des avantages et des désavantages réciproques.

On ne peut céler, et alors il faut hautement dire, que tout engagement comporte des risques. Réduire ces risques ne consiste pas, pour l'un quelconque des intéressés, à ne considérer que les siens propres. Il faut encore que, intentionnellement, il pèse ceux de son adversaire, et que, avec lui, il en recherche la juste balance.

1.

Un contrat, après la signature duquel une des parties peut se flatter d'avoir obtenu tous les avantages désirés, et laissé pour le compte d'autrui la majeure partie des risques, est voué au conflit légal. Ceux qui recherchent cette issue ne parlent pas le même langage que moi et n'ont que faire de cette étude : elle n'a pas été écrite pour eux.

Rechercher l'équilibre des avantages et des · risques, c'est mettre dans chacun des plateaux de la balance des valeurs de faits et de circonstances égales. Ce n'est pas équilibrer le rendement, mais poser le principe de l'équilibre, en laissant à l'exploitation réciproque, avec l'initiative du meilleur profit à retirer, la faculté de développer les avantages et de réduire les risques personnels.

J'insiste sur cet état d'esprit parce qu'il est le fondement de toute co-opération à rendements satisfaisants. Parce que, aussi, en thèse générale, les contractants se préoccupent, au cours des préliminaires, uniquement des clauses qui les lieront, et n'accordent que peu de soins à celles qui, gênant leur adversaire, auront forcément un jour une conséquence « en retour ». Les contractants perdent trop facilement de vue que tout pacte qui ne stipule pas un bénéfice de contre-partie en regard de tout bénéfice transformera fatalement le traité d'alliance en hostilités.

Dès lors, la lutte est ouverte, lutte sourde, hypocrite parce que fomentée par le sentiment d'avoir trompé ou été trompé ; lutte faite le plus souvent d'obstructions, d'atermoiements, de restrictions plus redoutables qu'une déclaration sincère de désaccord avec l'intention d'y mettre un terme.

Cette prévoyance s'exercera moins sur les faits mathématiques constitutifs du pacte, que sur les portions contingentes qui en découlent.

DIVISION DES CLAUSES DANS LES CONTRATS

Examinons les formes les plus communes de contrats commerciaux pour dégager, en chaçun d'eux, les faits de leurs contingences : Contrat de vente ou d'achat. Contrat de concession. Contrat de représentation. Contrat de louages de services. Contrat de location.

Adoptons, dès l'abord, une méthode de dissection du canevas même du contrat :

a) **Le préambule.**
b) **Les clauses principales.**
c) **Les clauses subsidiaires.**
d) **Les clauses de protection.**

Ces quatre catégories de clauses se juxtaposant amèneront les contractants à une précision de principe qui facilitera la clarté de la rédaction que j'examinerai plus loin. Ils éviteront ainsi les atermoiements qui naissent au moment où tout semblait conclu sans avoir été, cependant, délimité avec précision. La crainte d'avoir à signer un engagement dont les contours sont indécis disparaît devant l'exposé mathématique des diverses phases de la transaction.

Ces quatre morceaux de mon canevas s'ajusteront parfaitement si chacun d'eux est taillé dans sa limite.

Le même procédé de dissection s'applique à tous les contrats.

Le préambule reste généralement le même pour tous les genres de contrat. Voici sa délimitation : Avec qui contractons-

A. Le Préambule nous ? Un individu. Un re-
général. présentant d'une Société commerciale anonyme, en commandite, en participation, etc. Nous avons à le spécifier dans le préambule en décrivant la nature, la limite, la date des pouvoirs en vertu desquels le représentant traite. Il est utile de joindre, comme document accessoire, une copie certifiée de ces pouvoirs. Nous aurons à fournir une preuve identique si, nous-mêmes, ne sommes que le représentant d'une Société. Au reste, la formule connue, mais qu'il n'est pas inutile de rappeler, fixe ce premier point. Voici cette formule telle qu'elle est généralement employée :

Entre les soussignés :
M.   (nom et prénoms en toutes lettres)   , fonction   ,
domicile   . (S'il s'agit d'un contrat de concession ou de cession, ajouter l'origine de la propriété ou des droits, à défaut des titres de propriété eux-mêmes.) Si le contractant représente au lieu de contracter pour son compte, dire « et la Société   anonyme (s'il y a lieu), au capital de
dont le siège social est à   , représentée par M.   dûment autorisé par déli-

bération du Conseil d'administration ou de sur-
veillance, etc..., en date du   , dont
copie certifiée est annexée (dans ce cas, une
copie des statuts de la Société et une copie de
toutes délibérations d'assemblées générales
ayant modifié les statuts doit être aussi annexée,
sans qu'il soit cependant indispensable d'en faire
mention dans le contrat).

d'une part,

Et M.

d'autre part,

Il a été convenu et accepté ce qui suit :

Dans les contrats de concession ou de cession
ou de représentation, cette formule du préambule ou tout autre adoptée qui s'appliquerait
mieux au contrat à intervenir, peut se compléter
utilement d'un exposé des raisons du contrat.

Voici un exemple qui fera mieux saisir la valeur d'une formule additionnelle : Les soussignés
disant se bien connaître, et voulant mettre à
profit mutuel leur situation respective, leurs
relations, leur autorité, leurs aptitudes personnelles pour exploiter   déclarent :

M.   , qu'il est propriétaire de
tels droits, brevets, avantages, etc...

M.   , que son expérience résultant
de   le place dans une situation
avantageuse pour exploiter   , etc., etc.

Nous voyons que notre préambule a eu pour
effet de nous faire préciser la position réciproque des deux parties, qu'ainsi nous nous con-
naissons mieux, parce que nous avons clairement
exposé et prouvé nos avantages, nos droits res-

pectifs, à tel point que si une tierce partie avait à examiner notre pacte, elle trouverait dans le préambule, sans avoir besoin de les connaître, au préalable, les qualifications exactes des deux contractants.

CONTRAT DE VENTE

Article premier. — Enumérer les détails de la vente et par suite de l'achat ;

B. Clauses principales. Article II. — Stipuler la livraison à effectuer par le vendeur, et la réception ou prise de possession par l'acheteur dans les conditions convenues, de délai, d'emballage, de mode de transport, de risques de transport, de réserves s'il y a lieu ;

Art. III. — Déterminer les prix de la vente, les réductions, escomptes, remises, ristournes, bénéfices, etc. ;

Art. IV. — Préciser le règlement du montant partiel ou total de la vente, dans quelles conditions se fera le règlement, à quelle date de l'expédition, de la réception, de l'agréage ; par quels moyens se fera le règlement, espèces, traites, billets, soumis ou non à l'acceptation par l'intermédiaire ou non d'une banque ;

Art. V. — Déclarer la garantie des objets vendus, exigible dans tous les cas, relater la substance de cette garantie, le délai, les conditions sous lesquelles les objets vendus seront utilisés pour donner corps à la garantie du vendeur.

Ces cinq clauses principales forment le contrat de vente dans son intégralité.

Le préambule pose le contrat. Les clauses principales le déterminent. Les clauses subsidiaires l'expliquent s'il y a lieu. Les clauses de protection le protègent.

Les clauses subsidiaires et de protection peuvent ou ne peuvent pas intervenir, mais le préambule et les clauses principales sont constitutives du contrat. Sans elle, le contrat ne peut pas exister.

Les clauses subsidiaires sont infinies. Elles découlent de la nature et de l'importance de la vente ; des transactions ultérieures prévues ou à prévoir ;
C. Clauses subsidiaires. des augmentations ou diminutions de prix ; des fluctuations à prévoir du marché ; des avantages spéciaux à prévoir résultant de la possibilité d'extension du contrat initial à d'autres contrats qui en découleraient, contingences que chaque contrat soulève et qu'il est impossible d'analyser à l'avance.

Mais toutes les clauses subsidiaires, quelles qu'elles soient, seront toujours examinées avec cette précision bilatérale sur laquelle je me suis déjà étendu. C'est dans leur préparation que l'esprit d'équité doit prévaloir. En effet, dans l'établissement des clauses principales formant l'intégralité de la transaction, l'acte commercial mathématique seulement est envisagé, alors que dans les clauses subsidiaires, on cherche à éprouver l'avenir de l'affaire en général, et il faut bien se représenter, je ne saurais trop le redire, que toute clause subsidiaire dont le seul effet serait de consacrer un avantage sans réciprocité, serait une spoliation. En discutant ces clauses, les contractants ont à se poser cette double question : « Je demande... Que donné-je ? »

Généralement, il n'est envisagé que trois clauses de protection.

D. Clauses de protection. La première consistera dans la stipulation que « les parties contractantes déclarent expressément n'être liées que par les conventions contenues au contrat ». Cette stipulation a pour but d'éviter que les parties puissent, au cours du contrat, se référer à des arrangements verbaux ou même écrits, pris au cours de la discussion préalable à la signature. Elle a encore pour effet d'obliger les parties, en cas de modifications qui interviendraient au cours de l'exécution du contrat, à les préciser par un acte additionnel au contrat original.

La seconde précisera l'attribution de juridiction à tel Tribunal. Lorsqu'il s'agit d'une concession d'articles étrangers, la stipulation de la juridiction étrangère est dangereuse au concessionnaire. Je ne le signale que pour attirer son attention sur l'importance qu'il y a, pour ce dernier, à obtenir la juridiction du pays où le contrat est exploité.

La troisième sera l'obligation d'enregistre-

ment. Il y a lieu ici de se souvenir que les frais d'enregistrement sont élevés et que, par suite, la somme à payer justifie la précaution à prendre de se mettre d'accord sur la participation de chacun à ces frais.

CONTRAT DE CONCESSION

Dans le contrat de concession, nous nous trouvons rarement en présence de plus de deux cas :

A. Le Préambule du contrat de concession. Que la concession soit donnée à un commerçant par le fabricant ou producteur ; Que la concession soit transmise d'un titulaire de cette concession à un sous-concessionnaire ou à plusieurs.

Dans le premier cas, il suffit, dans le préambule, pour la rédaction duquel je renvoie au paragraphe « de la division des clauses », d'indiquer le titre du fabricant ou producteur.

Dans le second cas, il doit être fait mention du contrat de concession pour donner au sous-concessionnaire la garantie qu'il est en droit d'attendre que la transmission des avantages à lui sous-concédés relève bien de droits acquis dont il peut disposer librement.

Elles restent sensiblement les mêmes pour les deux cas prévus au préambule ci-haut.

B. Les clauses principales du contrat de concession
Disons que le contrat de concession est un des plus méticuleux à établir. On va le voir par la longue série des questions qu'il soulève.

En général, les clauses principales de ce contrat reposent sur :

1° La nature des marchandises, objet de la concession.

2° La délimitation du territoire sur lequel la concession s'étendra.

3° Le prix d'achat des marchandises dont la vente est concédée.

4° Le délai et le mode de livraison.

5° Le réglement du prix.

6° La garantie.

7° Le minimum imposé.

8° La durée de la concession.

Ces huit clauses distinctes forment le bloc des intérêts en présence. Mais, dans l'exploitation, elles se ramifient en un nombre considérable de branches que nous rapportons dans l'énumération des clauses subsidiaires.

1° *Nature des marchandises, objet de la concession.* — Il faut savoir et dire si le fabricant ou le producteur concède le droit exclusif de vente de toute sa fabrication ou production, ou seulement d'une partie de celle-ci. De dire également si cette totalité ou cette partie de fabrication ou de production, comprendra seulement la fabrication actuelle au moment de la signature, ou s'étendra aux marchandises et articles qui pourraient être fabriqués ultérieurement ou encore aux nouveaux modèles de tel article ou objet.

Les cas sont nombreux où un concessionnaire se trouve subitement en face d'un autre concessionnaire dont les droits paraissent aussi imprescriptibles que les siens, mais dont la concession porte sur des articles créés postérieurement au contrat du premier concessionnaire.

Souvent, celui qui concède — faisons revivre le vieux mot « concesseur » sous lequel nous le désignerons par la suite — souvent le concesseur, au cours des délibérations, a bien entendu concéder tous les droits exclusifs de vente de toute sa production. Mais, soit que l'extension de la vente lui paraisse, plus tard, laisser la place à un nouveau concessionnaire, soit que les résultats du premier occupant ne le satisfassent pas, il prend texte sur l'imprécision de bonne foi pour diviser son action.

C'est pourquoi on sera bien avisé de ne pas se borner à dire : M. ..... concède le droit exclusif de vente de ..... tel article ou produit..... mais de dire : « de tous les objets qu'il fabrique et vend, comme de tous ceux qu'il fabriquera ou pourrait fabriquer et vendre ultérieurement et au cours de la durée du contrat ».

Nous évitons, par cette précision, l'empiètement du concesseur.

2° *La délimitation du territoire.* — S'il y avait des restrictions portant sur l'extension ou la réduction du territoire concédé, mieux vaudrait reporter, aux clauses subsidiaires, l'article qui en traitera, parce que cette extension ou réduction sera la conséquence de modifications introduites au cours du contrat, à une ou plusieurs des clauses principales. Le cas le plus fréquent est l'extension du territoire par suite d'option. Le concessionnaire avisé préférera ne souscrire qu'à un minimum de vente réduit portant sur un territoire qu'il pourra plus facilement embrasser, tout en se réservant d'obtenir, par préférence, après qu'il aura pratiqué sa concession, une extension avec un accroissement de minimum dont il appréciera mieux la valeur proportionnelle, après les premiers mois de l'exploitation. Dans cette clause principale figurera la stipulation, si elle est convenue, que les parties s'obligent réciproquement à ne faire aucune offre en dehors de leur territoire, à se transmettre aussitôt reçues celles qui leur parviendraient d'autres territoires, et à ne pas vendre ni directement ni indirectement des marchandises notoirement destinées à un territoire autre que le leur.

3°. *Le prix.* — Il y a lieu de se bien représenter que le contrat de concession n'est pas un contrat de représentation. Nous examinerons ce dernier plus loin. La concession entraîne la vente exclusive pour le concesseur au concessionnaire acheteur. Le contrat de concession tient le milieu entre le contrat de vente ou d'achat et le contrat de représentation. Le concessionnaire devenant un acheteur, il en résulte l'établissement du prix, le mode de payement, la garantie comme au contrat de vente.

Il y a peu à dire sur l'indication du prix. Tou-

tefois, lorsque ce prix est calculé par une commission déduite du prix de vente de détail, au
lieu d'être établi par une somme nette, on n'apparaîtra pas trop précieux de prévoir les modifications éventuelles que le concesseur intro-
duirait de son côté dans ce prix de vente au
détail, soit en hausse, soit en baisse. Il est évident que la commission décroît avec l'abaissement du prix de vente au détail, et il ne fau-
drait pas laisser au concesseur la faculté, pour
des raisons personnelles, d'abaisser subitement
ce prix, ce qui aurait pour conséquences de réduire la marge de profit du concessionnaire,
marge sur laquelle sont établis ses frais d'exploitation.

On devra donc, dans cet établissement du prix,
envisager l'avenir du marché et traiter cette
question dans un article spécial des clauses subsidiaires, où les contractants prévoieront la
situation qui leur serait réciproquement faite
par un changement en hausse ou en baisse dans
la base du prix.

4° *Le délai de livraison.* — Tout achat sup-
pose le prix, le réglement de ce prix et le délai
dans lequel la marchandise achetée sera mise
à la disposition de l'acheteur par le vendeur.
Une concession ne libère pas le concesseur de
ses obligations de vendeur. C'est donc à tort que
bien des contrats de concession négligent de
stipuler l'obligation dans la livraison. Le concesseur ne peut prendre texte du caractère de
dépendance de l'acheteur à son égard pour se
libérer de l'engagement qu'il lui doit de le servir
et de remplir ses ordres à des époques et délais

déterminés... Car s'il était laissé au concesseur la faculté de passer outre à cette obligation, il pourrait, par des retards qu'il lui serait loisible de prolonger, nuire à la vente et par suite altérer la vigueur des moyens qui composent la réalisation du minimum imposé. Tout au plus, peut-on mitiger cette obligation d'un délai maximum de livraison, par la mention : « à moins de cas de force majeure ». Mais, même quand ce délai est clairement indiqué, on ne trouve que rarement dans les contrats de concession une pénalité comme conséquence des délais outre-passés.

Etre tenu d'agir n'implique pas la réparation de l'inaction. Le dommage est certain, tangible pour le concessionnaire. Comment apprécier ce dommage puisque nous le prévoyons. Tout retard imputable au vendeur affecte la progression de la revente par l'acheteur. Le minimum étant imposé sur le principe de l'activité soutenue de la part du concessionnaire, toute entrave à cette activité devra avoir pour effet de réduire le minimum. Il semble donc que les retards de livraison doivent avoir un effet sur la décroissance du minimum. Supposons un concessionnaire tenu d'acheter, par exemple, 180 charrues automotrices, dans le courant de douze mois, soit une chaque deux jours. Si le concesseur retarde la livraison de dix de ces charrues pendant une quinzaine de jours, le contrat prévoiera la compensation proportionnelle dans l'abaissement du nombre imposé. Sans compter que si les acheteurs du concessionnaire venaient à actionner celui-ci en dommages pour causes de retard dans la livraison, il y aura lieu de pourvoir aux conséquences qui en découleraient pour obliger le concesseur à réparation.

Mais ici le but de réparation ne serait pas pleinement atteint par le seul fait d'une réduction du minimum. En premier lieu, cet abaissement du minimum n'aurait aucune raison d'être dans le cas où la vente du concessionnaire lui serait supérieure. Ensuite, le concesseur aura, en certains cas, une tendance à appliquer des retards dans la livraison si, par exemple, il avait à exécuter d'autres commandes importantes de détail à plein prix, dans tout autre territoire, qui lui seraient plus profitables et l'amèneraient, de ce fait, à sacrifier la fourniture au concessionnaire où le profit direct est moindre.

Dans ces questions si complexes, les parties auront à rechercher, suivant les circonstances, un terrain d'entente pou pallier les effets du dommage que l'une d'elles pourrait sciemment causer à l'autre. Elles doivent se représenter que la faute de l'une d'elles ne doit pas entraîner le manque à gagner ou la perte pour l'autre. La compensation que le concessionnaire recherchera devra, cependant, être tournée vers une réparation *par dégagement* des contraintes qu'il assume dans la marche régulière de ses engagements, plutôt que par rétribution pécuniaire immédiatement exigible. Outre que le concesseur se refuserait vraisemblablement à payer pour une faute qui, le plus souvent, ne dépend pas de sa volonté, une telle exigence ressemblerait à la « paille » qui provoquerait subitement la rupture de tout l'édifice.

Dans l'étude du délai de livraison, doit être

compris le mode de livraison, ainsi que la stipulation des conditions de ce mode. C'est-à-dire
qu'il y aura lieu d'indiquer comment la livraison s'opérera, comment les risques de livraison
seront couverts, comment l'emballage sera fait,
aux frais de qui, dans quel délai les réclamations
sur vices d'emballage auront à être présentées.

5° *Le réglement du prix.* — Les conventions
exprimant le mode de réglement dépendant de
la chose même, de la situation de l'article, de
la force du capital du concessionnaire et même
du concesseur, je ne puis les envisager utilement.

Dans ces conventions, le concessionnaire doit
exercer toute sa prudence pour se protéger
contre le concesseur des suites que ce dernier
serait en droit de donner au contrat par un
refus de continuer les livraisons (ce qui équi-
vaudrait à une rupture), lorsque le concessionnaire ne remplirait pas strictement ses obligations sur ce point vital.

Je cite, ici, un exemple à l'appui : un concessionnaire engagé, pour l'achat d'un article industriel, à payer les factures du concesseur
contre connaissement « *à présentation* ». Le
concessionnaire, en l'espèce, était représenté par
deux associés s'entendant mal. Un connaissement est présenté. Les espèces de la société ne
pouvaient être retirées de la banque que sur les
signatures collectives des deux associés. L'un
d'eux était absent — à bon escient, sans doute.
L'associé présent, malgré la fortuité du cas, ne
put obtenir les fonds suffisants à retirer le connaissement de la banque, et confiant dans l'é-
quité du concesseur, attendit la rentrée de son

partenaire pour effectuer le retrait. Entre temps,
la banque porteur du connaissement avait
avisé, sur instructions reçues à cet effet du concesseur, que le connaissement était en souf-
france. Le concesseur, s'appuyant sur la clause
principale du contrat obligeant le concessionnaire à payer sur « présentation » du connaissement, par dépêche, rompit le contrat, sus-
pendit la livraison du lot en question et trans-
féra immédiatement sa concession à une autre
partie.

 Plaider les circonstances va de soi, mais le
fait brutal restait, c'est que la concession était
perdue pour notre pauvre concessionnaire. Ce
fait, que nous pouvons qualifier tout au moins
de barbare, établit l'importance des stipulations afférentes au réglement du prix, et surtout témoigne de la nécessité de ne pas prendre
des engagements aussi fermes, sans avoir fait
approuver à côté certaines restrictions couvrant
des circonstances imprévues.

 Il faut donc toujours envisager un délai de
fortune, ou encore le cas de force majeure, en
ajoutant à la clause principale, la possibilité
d'interventions inopinées. Le mieux serait de
déclarer que « tout délai dans le réglement, jusqu'à concurrence de.... jours, dû à des causes
fortuites, ne pourra, en aucun cas, entraîner la
rupture du contrat ou la suspension des livraisons en cours d'exécution. »

Même s'il s'agissait d'opérer le réglement par
traite, tirée par le concesseur sur le concessionnaire contre remise du connaissement, si le concessionnaire est tenu d'accepter « à présentation » du titre de livraison, il se met dans le cas

de voir exercer contre lui l'acte barbare que j'ai cité plus haut.

Lorsque le réglement se fait en « compte », tout danger de cette nature est évité ; mais dans un contrat rigoureusement établi, le concesseur devant, pour la bonne marche de sa production, compter sur ses rentrées à délais précis, aura toujours la tendance à laisser le moins de place possible à l'aléa.

On comprendra que si le réglement des factures du concesseur doit s'opérer seulement après vente des marchandises par le concessionnaire, tout danger disparaît. On comprendra aussi que je n'envisage que les cas les plus difficiles.

6º *La Garantie.* — J'ai traité cette question au contrat de vente. Dans le contrat de concession, elle n'apparaît pas comme devant être plus complexe. Cependant, comme nous traitons pour un grand nombre d'articles semblables, et que le concessionnaire sera tenu d'exercer, à son tour, sur chaque vente individuelle, la même garantie, il y a lieu de préciser comment les revendications en garantie seront faites par lui contre son concesseur. Un moyen couramment employé est de signaler, avec preuves à l'appui s'il était nécessaire, et cela suivant l'importance des avaries ou du mauvais état des marchandises, la valeur des pièces échangées ou des marchandises remboursées ou reprises ou améliorées, dans un relevé mensuel approuvé et fourni par le concessionnaire à son concesseur.

7º *Le Minimum.* — Toute cession de droits

entraîne avec elle une obligation correspondante de bonne exploitation de ces droits. Toute exclusivité de vente entraîne un minimum d'exploitation, soit en quantité d'objets concédés, soit en chiffre d'affaires fait sur les objets dont le droit exclusif de vente passe entre les mains d'un concessionnaire. Généralement, le minimum est établi sur des prévisions, lorsque l'article ou le produit sont inconnus, et sur une moyenne de vente de la concurrence, lorsqu'il s'agit d'articles déjà exploités. La tendance des deux parties, cela va sans dire, est de s'éloigner dans la fixation du minimum. L'un tire à hue, l'autre à dia. Il m'a toujours paru que la bonne conduite d'un contrat de concession reposait moins sur le résultat forcé d'une prévision, que sur la mise en pleine valeur, par le concessionnaire, des intérêts du concesseur.

Ordinairement, le minimum repose sur une durée de douze mois de l'exploitation, à dater non pas du jour de la signature du contrat, mais de la mise en marche effective de cette exploitation. Le concessionnaire est mû par la crainte de voir, en fin d'année, son contrat annulé si son minimum n'a pas été atteint. De là, son unique souci de ne pas s'engager dans la voie d'une acceptation d'un chiffre.

Je conseillerai de prendre un accord, inséré dans la clause principale du minimum, par lequel s'il n'était pas atteint au cours de la première année, la différence en moins serait, facultativement pour le concessionnaire, reportée sur la nouvelle période qui suivrait. Si le concessionnaire jouit de la confiance du concesseur, ce dernier n'aura pas lieu de prendre ombrage de cette sous-clause. Dans le cas contraire, il sera prudent, pour le concessionnaire, s'il se trouve, par le caractère même de l'affaire, tenu à des frais élevés au début, de rechercher un terrain d'entente qui ne le laisse pas à la merci d'une rupture provenant de circonstances sur lesquelles il n'aurait aucun contrôle, telles que : maladie, cataclysmes d'ordre naturel, etc... Je mentionnerai comme accord possible celui qui consisterait à apprécier le chiffre du minimum par rapport aux frais faits pour l'exploiter. S'il était prouvé, et cette preuve est facile, que le concessionnaire a dépensé pour la publicité, les frais de voyage, les représentants, l'installation de magasins, une somme admise entre les parties, comme répondant à une exploitation vigoureuse, le contrat, tacitement, quel que soit le résultat de première et même de seconde et troisième années, devrait se poursuivre pour de nouvelles périodes.

Quoi qu'il en soit, le minimum est une arme aiguë, lourde à manier. Il faut avoir quelque dextérité pour y devenir habile. Le minimum est la principale cause de rupture anticipée des contrats de concession, même lorsque les contractants sont dans cet état de pureté de vues que j'ai préconisé dans mon introduction.

La clause du minimum doit stipuler si le nombre d'articles à acheter par le concessionnaire au concesseur est une fixation d'achat et non de revente, ou si, au contraire, le minimum doit être acheté *et revendu* dans la période qui couvre l'imposition.

Résumons ces deux obligations comme si nous étions en face d'un contrat réel :

« Le concessionnaire s'oblige à acheter et à
payer au concesseur, pour la première année,
avec une augmentation acceptée de commun
accord, de   % chaque année, pour bénéfi-
cier de son droit au renouvellement de ce
contrat, comme il est dit à l'article... ».

Ici, l'obligation du concessionnaire est d'acheter, dans le délai prévu, la quantité imposée, et
de la payer, s'il veut que son contrat se renou-
velle.

« Le concessionnaire s'oblige à acheter, à
« payer au concesseur, et à *vendre*, etc... »

On saisit la différence. Dans le premier cas,
le concessionnaire peut ne rien acheter pendant
plusieurs mois, et cependant remplir son contrat
et obtenir le renouvellement de fait, en com-
mandant au dernier moment et en payant la
quantité imposée. Dans le second, il s'engage
non seulement à acheter, mais à écouler la quantité achetée, ce qui l'oblige à des achats partiels.
Et le concesseur s'assure que les marchandises
ne seront pas simplement stockées pour obtenir
le renouvellement de la concession, pour une
nouvelle année ou toute autre période prévue,
mais qu'elles seront bien toutes livrées au public, sauf, évidemment, le stock d'échantillon-
nage.

Je dois marquer ici la différence existant entre un minimum imposé pour que le contrat
puisse se renouveler pour de nouvelles périodes,
et l'engagement que prend le concessionnaire
d'acheter ferme un minimum. Dans le premier
cas, le concessionnaire n'est pas virtuellement
obligé d'acheter ferme telle quantité, mais s'il
ne l'achète pas, son contrat sera rompu à la

volonté du concesseur. Dans le second cas, *l'obligation d'acheter est ferme*, indiscutable, c'est une commande définitive de la quantité stipulée, et que le contrat subsiste ou non, la commande devra être faite et exécutée.

8° *La durée de la concession.* — Il est clair que le concesseur tient essentiellement à rester maître du territoire concédé. Il est non moins évident que le concessionnaire tient parfois à voir sa concession se prolonger indéfiniment. L'accord sur cette clause est laborieux. Aussi, comme pour se rencontrer il faut se rapprocher, c'est de rapprochement seul que la solution sortira. En fait, si les clauses ont été remplies par le concessionnaire, si le minimum a été constamment atteint, on ne voit pas bien pour quelle raison avouable le concesseur n'accepterait pas la prolongation indéfinie du contrat avec des clauses de rupture ou de rachat à sa charge. Il s'est déclaré satisfait des obligations prises par son concessionnaire sur la quantité à prendre ou le chiffre à produire, pourquoi se réserverait-il le droit de se séparer de lui. Un territoire d'exploitation commerciale n'est pas une terre. On n'est pas propriétaire de ce champ d'exploitation simplement parce qu'on a le droit commun d'y vendre son produit. Ce champ appartient à qui le cultive, et il appartient d'autant mieux à qui le cultive bien, à la satisfaction mutuelle du fournisseur de la semence et de l'*ensemenceur*.

J'ai constaté maintes fois l'amertume de concessionnaires, après quelques mois d'exploitation, de n'avoir pas prévu une durée plus étendue de leur contrat. Avec le succès, leur crainte de se voir déposséder augmentait. J'en ai connu qui, obsédés par cette crainte, ralentissaient leur production ou se créaient des difficultés imaginaires pour impressionner le concesseur et l'empêcher de songer à reprendre l'affaire pour son compte en raison de ces mêmes difficultés.

Ici la crainte d'être dépossédé entraînait un ralentissement dans l'expansion, préjudiciable aux deux parties.

Il est donc sage de faire disparaître ce malaise dès les débuts. Le concesseur ne perdrait rien à donner une longue durée au contrat puisqu'il peut se prémunir contre l'affaiblissement de la vente par des restrictions de toutes sortes. Le minimum est une de ces restrictions. En admettant que le minimum imposé devienne inférieur à la réalité de la vente, ce qui témoigne tout autant de l'activité de l'exploitation que de la valeur de la marchandise vendue — et que, par suite, il ne puisse plus servir d'étalon, il n'en reste pas moins d'autres points de comparaison pour mesurer le développement proportionnel du champ d'exploitation, développement sur lequel doit normalement compter le concesseur. On devrait dire au contrat que, si après un certain nombre d'années, le minimum qui a servi de base était constamment dépassé, la jauge de production pourrait être modifiée et serait faite alors sur la comparaison avec d'autres pays ou dans une proportion moyenne avec l'écoulement mondial. On encore sur une comparaison avec les moyens et ressources de pays de même expansion commerciale. Ou encore sur la proportion par milliers d'habitants, comparée avec telle proportion moyenne de tel autre pays.

En résumé : ce que le concessionnaire doit obtenir, c'est l'assurance que si son expansion suit la moyenne de l'expansion générale, il ne sera pas inquiété par un droit à une rupture provenant de causes dépendantes du concesseur seul. Ce dernier ne doit pas être laissé libre de priver ultérieurement son concessionnaire des avantages qui résultent d'une exploitation à ses frais, risques et périls.

Le concesseur peut vouloir transformer son affaire, l'agrandir, la céder, y introduire de nouveaux éléments d'apports de capitaux, de nouveaux directeurs enclins à saper le travail du premier occupant pour en faire profiter leurs propres créatures.

Au concessionnaire à être prudent, très prudent. Et, en dernier ressort, il témoignera d'un esprit de grande prévoyance, s'il fait admettre que : « si pour quelque raison que ce soit, autre « que celle de la non-exécution de ses engage- « ments, le concesseur venait à résilier le con- « trat, lui, concessionnaire, serait recevable « soit d'une indemnité à établir sur le nombre « d'articles déjà écoulés pendant l'exploitation « passée, soit de nouveaux intérêts à détermi- « ner dans la nouvelle combinaison qu'introdui- « rait le concesseur ».

En somme, c'est prévoir et poser le principe de l'indemnité de rupture qui, au moment venu, et s'il y avait conflit, servirait d'appréciation aux juges.

Dans la clause principale de durée de la concession peut être comprise, s'il y avait lieu, celle se rapportant au rachat de cette concession par le concesseur.

A vrai dire, ce droit au rachat est rarement prévu, parce que le concesseur veut garder une position cachée, et ne pas témoigner ouvertement de son projet éventuel de reconquérir, pour son propre compte, le marché sur lequel il aliène temporairement ses droits. Au concessionnaire à savoir s'il est prudent, pour lui, à l'origine, de soulever cette question brûlante du rachat.

Le rachat, c'est la faculté pour le concesseur, à date indéterminée ou prévue, de reprendre sa concession. Des compensations de toute nature doivent alors lui être imposées. En premier lieu, de ne pouvoir opérer cette transformation que dans un délai, après notification, de plus en plus étendu, par rapport au nombre d'années d'exploitation de la concession. Puis, les indemnités correspondantes au résultat de cette exploitation. Puis, les bénéfices à servir au concessionnaire. Puis, aussi, la part qui sera faite à ce dernier dans la nouvelle combinaison s'il opte pour cet emploi de son activité.

Par l'importance qu'a prise la disjonction, en clauses principales, de la base du contrat de concession, on jugera de celle des **C. Les clauses** clauses subsidiaires. Je ne **subsidiaires** puis qu'indiquer celles-ci en **du contrat** partie, car chaque contrat **de concession.** soulève des particularités que, seuls les contractants sont en mesure de formuler. L'énumération des plus caractéristiques de ces particularités sera encore utile en ce sens qu'elle ouvrira de nouveaux horizons.

Reprenons donc les clauses principales dans leur ordre et suivons leurs corollaires.

Je dois bien préciser ici que la disjonction des articles de tout contrat, en clauses principales et subsidiaires, n'implique pas forcément que les articles doivent être séparés dans le texte. Chaque article des clauses principales, pour renfermer, s'il est ainsi préféré, les clauses subsidiaires, se diviserait alors en paragraphes de l'article. L'importance de cette dissection réside entièrement dans la clarté qui découlera de l'énonciation du fait d'abord, suivi de l'appréciation des contingences. Que ces contingences soient renvoyées à des articles spéciaux, ou incorporées à la suite des articles principaux, c'est affaire aux contractants.

Sur la nature des marchandises, objet de la concession (1). — Nous avons établi, dans la clause principale, que la concession s'exerçait sur une partie seule ou sur la totalité des articles concédés. La première clause subsidiaire envisagera la notification à faire au concessionnaire par le concesseur de l'apparition prochaine de telle nouvelle fabrication, afin que le premier puisse prendre ses dispositions pour ralentir, au besoin, sa vente des articles qui vont être démodés par suite de cette apparition, et éviter ainsi de se stocker trop fortement.

Par notification d'apparition prochaine, j'entends qu'il faudra tomber d'accord sur un pré-

(1) Voir page 12 la clause principale correspondante.

avis suffisamment étendu. Si cette précaution n'était pas prise, le concesseur resterait libre de produire des nouveaux modèles comme il l'entendrait, et d'amener son concessionnaire à accumuler, par l'obligation de son minimum, des marchandises dont il n'aurait plus la vente courante.

Sur la délimitation du territoire (1). — Si l'extension est prévue, sans option, il y a lieu d'introduire une clause indiquant les circonstances qui la provoqueront. Par exemple : lorsque le concessionnaire aura atteint le minimum dans un laps de temps plus court que celui imparti. Ou, s'il avait augmenté son capital d'exploitation dans un délai à fixer. S'il y a option, elle sera généralement basée sur le fait que le concesseur n'ayant pas encore concédé le territoire convoité, sera tenu de l'offrir au concessionnaire avant de le concéder à toute autre partie, à charge par celui-ci, dans un délai indiqué, de l'accepter ou non, et d'accepter aussi l'augmentation de minimum.

La réduction du territoire sera quelquefois prévue comme contrepartie d'un affaissement dans le minimum. Une clause interviendrait, alors, stipulant que, dans le cas où le minimum serait inférieur à..... %, le concesseur aurait le droit de reprendre, dans un délai à déterminer, telle partie du territoire concédé pour l'exploiter comme il l'entendrait.

Sur le prix (2). — Ici les clauses subsidiaires

(1) Voir page 13 la clause principale correspondante.
(2) Voir page 14 la clause principale correspondante.

se présentent en foule. Le concessionnaire paie tel prix en raison de la quantité qui lui est imposée. S'il dépasse cette quantité, il est bien venu à exiger des réductions proportionnelles, par le moyen de primes, de ristournes supplémentaires portant sur la quantité totale ou seulement sur le surplus. Ces avantages supplémentaires peuvent être accordés sous forme d'espèces, ou encore sous forme de contribution à·la publicité à la charge du concesseur. Ou encore sous forme de bonifications d'une certaine quantité des articles dont il s'agit. Le concessionnaire avisé ne négligera rien de ce qui paraîtra, dès l'abord, une exigence, mais qui, même aux yeux du concesseur, sera l'indice de la recherche énergique d'un meilleur succès. La prime au surplus de minimum, est certainement des plus attrayantes pour les deux parties.

Tant qu'à la prévision de changements dans le prix de vente établi par le concesseur, elle demandera à être traitée avec soin. Il y aura lieu de dire que la réduction dans le prix à payer par le concessionnaire suivra la réduction du prix de vente au détail établi par le concesseur. Que cette réduction ne pourra se faire qu'après un préavis de..... pour permettre, ainsi, au concessionnaire, de modifier le cours de son exploitation, à moins qu'il ne soit admis que le concesseur puisse modifier en baisse pourvu qu'il abaisse proportionnellement, par un crédit, le prix des articles invendus se trouvant chez le concessionnaire au moment où la baisse devient de notoriété publique.

Si le changement devait se faire en hausse, indiquer la proportion de cette hausse que subira le prix à payer par le concessionnaire. Stipuler dans quel délai le préavis de hausse aura son effet. Prévoir la pression qu'une hausse subite aurait sur le minimum imposé. Dans un autre ordre d'idées, prévoir l'amélioration du prix payé par d'autres concessionnaires, et exiger la jouissance du prix des concessionnaires le mieux favorisés, cette jouissance devant s'imputer non du jour de la découverte par l'intéressé de ces meilleurs avantages, mais du jour où ils ont été appliqués.

Sur le délai de livraison (1). — Dans l'exposé des faits régissant le délai de livraison, à la clause principale, j'ai fait valoir le préjudice causé par les retards. La clause subsidiaire aura donc à envisager les conséquences de ces retards et à déterminer la compensation du préjudice. Cette clause subsidiaire dirait, en l'espèce, que dans le cas où, cas de force majeure excepté, le concesseur n'effectuerait pas la livraison dans les délais stipulés à l'article..., le concessionnaire aurait le droit d'exiger, et le concesseur accepte de le lui accorder, une réduction du minimum, sur une base que la fréquence de ces retards déterminera ; sans préjudice des revendications en indemnité qui pourraient être présentées par le concessionnaire comme conséquence de celles auxquelles il aurait été tenu de faire droit à ses propres acheteurs.

Sur le réglement du prix (2).— Dans la clause

(1) Voir page 15 la clause principale correspondante.
(2) Voir page 18 la clause correspondante.

principale j'ai couvert la règle et l'exception. On y stipule comment et quand le prix sera réglé, et quel délai sera imparti comme contrepartie des aléas qui peuvent se produire dans la meilleure organisation commerciale. Je ne vois donc à prévoir que l'anticipation du réglement. Le concessionnaire doit ouvrir cette porte qui lui sera souvent utile. Il peut être obligé à des absences et vouloir se mettre à l'abri de contestations. Il peut, aussi, vouloir effectuer un bon placement de ses fonds disponibles en réglant par anticipation. Quelle bonification obtiendra-t-il donc dans le cas d'anticipation du paiement ?

Sur la garantie (1). — L'expérience n'indique pas que la garantie dans le contrat de concession doive s'entourer de plus de précautions que dans le contrat de vente. Je ne la mentionne ici que pour suivre l'énumération.

Sur le minimum (2).— J'ai essayé d'envisager et de stipuler à la clause principale, en les éclaircissant, tous les cas afférents à cette question précieuse du minimum, base du contrat de concession. Il ne reste, en général, que l'examen de la question d'infraction de territoire. J'entends que là délimitation du territoire et l'obligation par le concesseur de ne pas y offrir, ni y traiter directement ou indirectement des affaires, et l'obligation qu'il prend d'empêcher que d'autres concessionnaires y offrent, vendent directement ou indirectement, n'empêchera pas

---

(1) Voir page 20 la clause principale correspondante.
(2) Voir page 20 la clause principale correspondante.

que certaines ventes faites dans un territoire
passent dans un autre. Le concessionnaire se
protège contre cette infraction commise par
le concesseur, en stipulant son droit à son profit
entier ou proportionnel sur telles ventes découvertes par lui dans un délai à déterminer,
ainsi que son droit à inclure ces ventes ainsi
découvertes dans le chiffre qui lui est imposé
comme s'il avait réalisé la vente lui-même. La
contre-partie sera qu'il sera tenu aux mêmes
obligations envers tout autre territoire et que
son chiffre se diminuera de toutes ventes ayant
passé, même à son insu, dans un autre territoire.

Sur la durée de la concession (1). — Dans la
clause principale, nous avons couvert l'étendue
de la concession en durée. Nous avons touché la
question du rachat. Nous avons prévu la modi-
fication à introduire dans le minimum, lorsque
la base deviendrait trop faible et, ne concor-
dant plus avec la valeur actuelle d'exploitation
du territoire, donnerait au contrat une durée
perpétuelle qui ne peut lui être assignée.

Dans les clauses subsidiaires, il faut faire
entrer le droit à la rupture par le concessionnaire. Ce dernier, pour des raisons toutes dif-
férentes, peut vouloir apporter un terme à son
engagement. Il peut se trouver en présence
d'offres meilleures, d'articles plus perfectionnés
que sa position lui commande d'accaparer et
auxquels il ne pourra toucher si, comme nous
l'avons établi, à titre d'exemple, il s'engage à

---

(1) Voir page 24 la clause principale correspondante.

ne vendre que l'objet du contrat. Enfin, il peut vouloir concentrer son activité sur un autre article.

Le préjudice qui proviendrait de cette rupture intentionnelle est tout aussi grave pour le concesseur, que le serait, pour le concessionnaire, la rupture venant du premier. Le concessionnaire ne peut donc prétendre à exercer ce droit qu'il se refuse à reconnaître à son adversaire. Toutefois, il doit pouvoir, sous certaines conditions, se dégager. La rupture de son fait doit donc être prévue. Il lui suffira de déterminer les délais dans lesquels elle pourra s'exercer et les indemnités dont il sera redevable au concesseur. Il faut, de même, prévoir cette situation pénible pour le concesseur d'avoir à exécuter des ordres importants du concessionnaire, alors que ce dernier a fait ou est sur le point de faire usage de son droit de rupture, et manœuvre pour accumuler un gros stock, en vue, lorsqu'il aura contracté avec un concurrent, d'amoindrir la position de son concesseur, devenant son ennemi, par la faculté qui lui serait ainsi laissée —le contrat une fois rompu— de jeter à vil prix sur le marché les marchandises qu'il aurait accumulées sur son contrat antérieur.

Toutes ces précautions paraîtront exagérées. Mais au cours de la vie d'un contrat, cette critique fera place à une opinion contraire.

La valeur de l'article concédé, les conditions de l'exploitation font que de telles précautions seront ou non trop minutieuses. Je cherche à indiquer les positions les plus complexes, ne serait-ce que pour mieux éclairer les positions les plus simples.

Or, il est un fait patent, c'est que le concesseur, en sus du préjudice que lui causerait une rupture à laquelle rien ne l'a préparé, ne peut tolérer de voir son exploitation saccagée par celui qui en avait, jusque-là, retiré un bénéfice.

Le concesseur doit donc se réserver le droit, sans que, pour cela, il soit tenu de l'exercer, de racheter aux prix payés, avec estimation par inventaire .des dépréciations possibles, et de plus en remboursant les frais de transport, de douane, d'octroi s'il y a lieu, tout le stock se trouvant en possession du concessionnaire au jour de la rupture.

L'expression seule de ce droit au contrat, empêchera le concessionnaire de se livrer au scandale de l'avilissement, toujours condamnable quels qu'en puissent être les motifs.

Dans les clauses subsidiaires de la durée de la concession entre celle qui a trait au décès du concessionnaire. C'est à lui de prévoir les conditions qui seraient faites, après sa disparition, à l'affaire qu'il aura créée. S'il exploite en association, la simple mention que le décès de l'un des associés concessionnaires n'entraînera pas la rupture du contrat, est suffisante pour préserver l'exploitation des suites de ce premier malheur. La position restera la même vis-à-vis du subsistant.

Dans ces mêmes clauses subsidiaires sera compris le refus ou le droit de transférer la concession à un tiers avec ou sans l'approbation du concesseur. Les juges condamneraient vraisemblablement dans leur appréciation d'un refus de transfert des droits acquis par une exploitation soumise à des obligations bien tenues, la partie qui refuserait d'autoriser le transfert, la cession ou la vente de la concession. Cependant, comme nous cherchons à éviter les conflits, voyons plutôt à en éliminer les causes, qu'à laisser à d'autres la charge de les apprécier. Que le concessionnaire se réserve donc le droit de se substituer un tiers dans l'exploitation de sa concession, sous telles conditions de contrôle et d'approbation du concesseur. Que ce dernier se mette en garde contre le fait courant, de voir la concession lancée à grands frais, et quelquefois à perte, pour lui donner une valeur surfaite et la vendre à un taux exagéré de bénéfice. Il lui resterait la tâche lourde, souvent insurmontable, de la conduire ensuite dans des conditions d'avantages illusoires à lui-même et au successeur dans la concession.

Je me borne à montrer du doigt les dangers réciproques. Aux contractants, le soin de se couvrir des abus qui résultent infailliblement de cette faculté mutuelle de mouvoir leurs droits.

Les clauses de protection ne sont pas propres au contrat de concession. Je les indique, ici, une fois pour toutes.

D. Les clauses de protection. Art. .... — Les parties soussignées entendent expressément n'être liées que par les conventions contenues aux présentes.

Art. .... — L'attribution de juridiction est, d'un commun accord, fixé au Tribunal de commerce de   .

Art. .... — Les frais d'enregistrement des présents seront supportés par

Afin de condenser l'examen qui précède sur le contrat de concession, je le résume en projet de contrat. Ce n'est pas un modèle, mais un type forcément incomplet, sur lequel les intéressés pourront, à leur guise, greffer, émonder, raccourcir.

Type d'un contrat de concession.

Je néglige de répéter le préambule que j'ai précisé ailleurs.

. . . .

ARTICLE PREMIER. — Le concesseur concède au concessionnaire qui accepte, le droit exclusif de vente des articles de sa fabrication actuelle, consistant notamment en
comme de tous ceux qu'il fabriquerait et vendrait ultérieurement au cours de la durée des présentes.

§ A. — Le concessionnaire justifiera au concesseur, par la production de son acte de société, que son capital d'exploitation des articles concédés est et restera au moins de   francs pendans toute la durée de l'exploitation.

§ B. — Il est convenu que le concesseur tiendra le concessionnaire au courant de toutes modifications dans sa fabrication, et notamment dans la préparation des nouveaux modèles, et qu'il s'oblige à notifier au concessionnaire l'apparition prévue au moins   mois à l'avance.

ART. II. — Ce droit exclusif de vente s'étendra, sans restriction, aux départements de la France suivants   . Le concesseur s'engage à ne pas offrir, ni à ne pas vendre directement ou indirectement, les articles de sa fabrication dans le territoire ci-délimité. Le concessionnaire prend le même engagement pour l'offre et la vente directe ou indirecte dans tout autre territoire que celui qui lui est délimité.

§ A. — Si, au cours de trois mois suivant la date de factures du concesseur, des marchandises étaient découvertes par le concessionnaire dans son territoire, il lui sera payé par le concesseur une commission fixée à   et les marchandises ainsi découvertes compteraient dans le minimum qui lui est imposé. Par contre, la même redevance est imposée au concessionnaire qui s'engage à la payer, pour toutes marchandises vendues par lui, même à son insu, qui seraient découvertes dans un autre territoire, dans le même délai que ci-haut. Dans ce cas, les marchandises ainsi vendues seraient déduites de la quantité formant le minimum.

§ B. — Si le concessionnaire a, dans les premiers neuf mois, atteint ou dépassé le minimum des douze premiers mois, et qu'il soit prouvé qu'il a vendu le surplus, le concesseur s'engage à étendre la concession aux mêmes conditions, aux départements suivants :   sans, toutefois, que le concessionnaire s'oblige à accepter cette extension. L'échange de deux lettres recommandées constituera, entre les deux parties, l'offre, l'acceptation ou le refus d'extension. Ces deux lettres deviendront le titre qui aura force d'engagement comme les présentes elles-mêmes, sans y apporter d'autres changements que celles de l'augmentation du minimum, suivant le § B de l'article VII.

§ C. — Par contre, si le minimum à atteindre était inférieur à   % ou plus, au cours des deux premières périodes de douze mois, le concesseur aurait le droit de réduire l'étendue du territoire d'un ...tantième. Cette réduction s'opérerait sur les parties de la périphérie du territoire.

ART. III. — Le concessionnaire vendra sous son nom, pour son compte et à ses risques. Il s'oblige à faire   francs de publicité par an sur les articles dont il s'agit.

Les marchandises seront facturées par le concesseur comme suit ....

§ A. — Si le concessionnaire a constamment dépassé le minimum imposé, pendant au moins trois périodes de douze mois, il lui sera fait une bonification de   sur toutes les factures après le trente-sixième mois, de même qu'il lui sera ristourné   % sur le montant de toutes les factures précédentes.

§ B. — Au cas où le concesseur jugerait utile de réduire ses prix de vente au détail, cette réduction ne pourrait être appliquée par lui que dans un délai de trois mois datant de la notification qu'il s'oblige à en faire au concessionnaire, et il serait tenu, à partir du jour où la réduction serait appliquée, à réduire les prix stipulés ci-haut dans une proportion établie et acceptée comme suit........................

De même, le concesseur s'oblige à créditer le concessionnaire de la différence sur toutes marchandises se trouvant invendues chez ce dernier le jour de la mise en pratique de la réduction.

§ C. — Au cas où le concesseur, par suite d'amélioration dans sa fabrication, se trouverait dans l'obligation d'augmenter ses prix de vente au détail, cette augmentation ne pourrait se faire que dans un délai de   après la notification qu'il sera tenu de faire au concessionnaire.

§ D. — Au cas où le concesseur aurait pratiqué à tout autre acheteur en gros ou à tout autre concessionnaire des prix inférieurs à ceux ci-haut exigés du concessionnaire, et ce à quelque moment que ce soit, ce dernier bénéficierait de ces meilleurs prix sur ses achats à dater du jour où ils auraient été pratiqués. La preuve de ce meilleur traitement à autrui pourra être faite par le concessionnaire par tous moyens dont il disposerait.

ART. IV. — L'expédition par le concesseur au concessionnaire se fera, sauf cas de force majeure, dans les   jours maximum suivant la réception de l'ordre du concessionnaire par le concesseur. Les marchandises seront emballées par les soins et aux frais du concesseur dont le risque ne cessera qu'à la remise au voiturier en bonne condition de transport. Les frais de transport, d'assurances, de manutention, de douane et d'octroi sont à la charge du concessionnaire.

§ A. — Si, le cas de force majeure excepté, le concesseur n'expédiait pas dans les délais fixés, il s'oblige en compensation du préjudice causé, à payer au concessionnaire   par jour de retard. De même, il se reconnaît responsable des conséquences de ces mêmes retards auprès de la clientèle du concessionnaire qui pourra exiger le remboursement de telles indemnités qu'il aurait été tenu de payer lui-même à ses acheteurs. Sans préjudice de la répercussion que des retards d'expédition fréquents auraient sur la marche de l'exploitation, et particulièrement sur le minimum et la réduction de ce minimum qu'il entraînerait.

ART. V. — Le réglement du prix s'opérera par une traite du montant de chaque facture, tirée par le concesseur sur le concessionnaire, que ce dernier s'oblige à accepter, sous huit jours de la livraison dans ses magasins, et dont l'échéance sera à   jours de la date de l'acceptation.

§ A. — Si le concessionnaire payait, au comptant, les factures aux marchandises livrées par le concesseur, par anticipation et dérogation à l'article précédent, il est autorisé à déduire sur chaque facture ainsi payée, au moment du paiement, un escompte de caisse de   %.

ART. VI. — Les marchandises sont garanties par le concesseur, pour une durée de douze mois de la date de ses factures.

Le concessionnaire est tenu de fournir mensuellement une note détaillée des revendications de la garantie par ses acheteurs et de faire,

s'il y a lieu, la preuve du bien-fondé de ces revendications. Le concesseur est tenu de fournir,
pendant la durée de la garantie, à titre gratuit,
toutes pièces en totalité ou en parties défec-
tueuses, à charge par le concessionnaire d'en
opérer le remplacement à ses frais.

ART. VII. — Le concessionnaire s'oblige à
acheter du concesseur et à lui payer, les quan-
tités minimum suivantes :

               pour les premiers douze mois,

                    pour les seconds douze mois,
etc., etc.
pour que son droit à l'exclusivité de la vente et
à la concession se poursuive comme il est dit
à l'article VIII.

§ A. — Toutefois, si le concessionnaire, au
cours d'une période quelconque de douze mois,
n'avait pas atteint le minimum stipulé, la différence en moins serait reportée sur une seconde
période de douze mois, au cours de laquelle le
concessionnaire pourrait compléter cette différence en moins.

§ B. — Le minimum sera augmenté de   %
sur chaque période de douze mois si, conformément au § A de l'article II, le territoire était
augmenté.

§ C. — Si le montant des achats effectués par
le concessionnaire surpassait de   % pendant
trois périodes consécutives de douze mois, le
minimum correspondant à ces périodes, le minimum des périodes qui suivraient serait proportionnellement relevé de   % sans que ce relèvement puisse cependant donner lieu au conces-

seur à exercer son droit de rupture prévu à l'article VIII autrement que par un préavis de douze mois à l'expiration de la deuxième période de douze mois, ainsi qu'il est indiqué au § A de ce même article.

ART. VIII. — Au cas où le minimum d'achats, accepté pour chaque période de douze mois, ne serait pas atteint par le concessionnaire, le concesseur aurait le droit, si bon lui semble, de rompre le contrat en notifiant au concessionnaire, trois mois à l'avance, par lettre recommandée adressée à son domicile, sa résolution de rupture. Mais au cas où le minimum aurait été atteint ou dépassé, le contrat se poursuivrait, sans interruption, de douze mois en douze mois, (la première période de douze mois à compter de la date de la première livraison dans les magasins du concessionnaire), et ce, pendant années.

A l'expiration de ce terme de   et à moins de rupture ou de résiliation anticipée, les deux parties reprendront leur liberté qui ne donnera lieu à aucune indemnité de part ou d'autre.

Toutefois, après   années du cours de ce contrat, le concesseur aura la faculté de résilier le contrat en rachetant au concessionnaire son droit de vente exclusive aux conditions du paragraphe 6 qui suit.

§ A. — Le concessionnaire pourra, de son côté, résilier les présentes conventions, mais seulement en s'obligeant à ce qui suit :

1º Il ne pourra user de ce droit qu'au moins après deux années du cours du contrat.

2º Il devra aviser le concesseur, de son intention à cet égard, par lettre recommandée au moins six mois à l'avance.

3º Il s'oblige au cours des six mois du préavis à ne pas apporter de modifications ni en hausse, ni en baisse, dans le prix moyen de vente couramment appliqué par lui dans les années précédant le préavis.

4º Il s'oblige à tenir secrète au public sa résolution de rupture.

5º En ne remplissant pas toutes, ou même seulement une quelconque de ces obligations, le concessionnaire porterait atteinte au crédit du concesseur qui serait libre alors de demander, par voie de justice, les indemnités auxquelles il aurait droit.

6º A l'expiration du délai de préavis, le concesseur pourra, si bon lui semble, racheter du concessionnaire, et celui-ci s'engage à lui revendre, toutes les marchandises neuves, au prix payés par ce dernier, plus les frais de transport, de manutention, de douane ou d'octroi dont elles auraient été grevées. Les marchandises usagées pourront également être rachetées par le concesseur après expertise, si l'entente ne pouvait se faire sur leur valeur entre les deux parties. La dépréciation à laquelle concluerait l'expertise serait acceptée sans appel. Le paiement de la totalité du rachat se ferait au comptant dès l'enlèvement.

§ B. — En cas de décès prématuré du concessionnaire, le concesseur reprendra sa liberté et le contrat serait rompu, mais il sera tenu de reprendre, si les héritiers l'exigeaient, tout le stock des marchandises invendues, et de les payer comme dit au n° 6 du paragraphe ci-haut.

(Dans le même paragraphe, ajouter, s'il y a lieu, les droits de la veuve et des enfants, à un bénéfice sur l'exploitation postérieure au décès du chef de famille.)

§ C. — Le concessionnaire aura le droit de transférer sa concession à tout tiers, mais ce transfert ne pourra avoir lieu qu'avec l'approbation du concesseur, et après préavis de six mois au cours desquels le successeur devra justifier que le capital mis par lui dans l'exploitation de la concession n'est pas inférieur à celui stipulé aux présentes (§ A, art. I).

(Placer ici les clauses de protection énumérées à la page 36.)

Fait en double à   le   .

Lu et approuvé,   Lu et approuvé,

Le concessionnaire.   Le concesseur.

DU CONTRAT
DE REPRÉSENTATION

Considérations générales.

Le contrat de représentation simple ou exclusive se différencie du contrat de concession sur les points principaux que voici :

Le concessionnaire achète, reçoit, paye et vend pour son compte. Le représentant vend pour compte d'autrui.

Le concessionnaire reste indépendant du fait de la réalisation des ventes à ses risques. Le représentant est gouverné par des règles extérieures, doit se conformer aux instructions de la partie pour laquelle il traite.

Le contrat de représentation peut être de deux sortes : il lie un représentant sans autres engagements que ceux concourant à la production. Ou il lie ce représentant au même titre qu'un employé et soumet, par suite, le représentant à des règlements intérieurs qui, quoique ayant toujours la vente pour objet, n'en restent pas moins des obligations d'administration.

Quoique cette étude n'ait pas pour objet l'examen de la meilleure position à prendre au point de vue des intérêts généraux de la production, je dois cependant faire allusion à la valeur comparée de ces deux sortes de représentation.

L'employé-représentant fait corps avec la maison qui l'emploie. Il est à son service. Elle peut le gouverner, lui imposer telles instructions, comme elle aura aussi l'occasion d'améliorer sa position en raison des services rendus ou d'application générale, dont la vente proprement dite est exclue. En vertu du principe « qui paie chérit », elle s'intéresse de plus près à son travail général. Elle l'instruit en vue de promotions futures. Les deux parties travaillent ici dans le même esprit et peuvent se contrôler réciproquement.

Le représentant, non salarié, par conséquent non employé, même sous les formes les plus rigides de son engagement, est toujours mû par un certain esprit d'indépendance, comme il est guidé par l'indifférence à la marche générale de la maison. Même s'il est obligé, par son contrat, à consacrer toute son activité et tout son temps à l'affaire qu'il représente, le contrôle de cette renonciation à d'autres affaires reste illusoire. Il travaille pour un rendement proportionnel dont l'ensemble est exclu, et n'ayant pas à compter sur une subvention fixe, il ne trouve l'assurance de son gain que dans des résultats immédiats. Il est, dès lors, tout indiqué que sa préoccupation constante sera de se défendre par tous les moyens que son indépendance lui réserve.

Dans la vente d'un article déjà connu, exploité, l'office du représentant peut valoir beaucoup plus que s'il était traité à un salaire et à une commission. La Maison n'ayant pas, dans ce cas, à supporter de charges fixes, est plus libérale dans le calcul de la commission qu'elle ne prélève que sur un gain tangible pour elle. Mais s'il s'agit d'un office de représentation d'articles peu connus ou très fortement concurrencés, l'intérêt des deux parties sera plutôt vers une solution mixte par salaire. Cette position mixte assure au représentant devenant ainsi employé, une compensation immédiate, l'assouplit mieux aux procédés de la Maison qu'il sert et, en bien des cas, lui fera prolonger la lutte.

Les représentants habiles, ceux rompus à la sollicitation, les vrais vendeurs en un mot, optent pour la catégorie de représentation simple. Les nouveaux, dont l'expérience est encore à faire, mais dont l'énergie appelle l'occasion de se révéler, n'envisagent cependant pas sans hésitations une situation, aussi prépondérante puisse-t-elle devenir, dont le résultat dépend uniquement de leurs capacités à produire immédiatement.

L'étude étendue que j'ai faite du contrat de concession, avant d'en dresser les articles qui le résument, me dispense de revenir sur une argumentation spéciale au contrat de représentation. Je passe de suite à son établissement par un type courant comme je l'ai fait pour le premier. On y retrouvera, quoi qu'elle ne soit pas indiquée par catégories, la méthode de division en préambule, clauses principales, clauses subsidiaires et de protection.

Type d'un contrat de représentation simple

Le préambule qui, comme nous le savons, peut, dans un sens général, s'appliquer à tous les genres de contrat, pourra être ramené ici à sa plus courte expression, en ce sens qu'étant donnée la nature de l'engagement limité, il peut être débarrassé des formules de justification de pouvoirs. Nous n'avons pas, cela s'entend, à nous appesantir sur les titres commerciaux de la partie représentée. Toutefois, l'importance du préambule dépendra surtout de celle des intérêts qui vont se trouver en présence. Il est évident que si un constructeur de machines locomobiles confie, par un contrat de ce genre, sa représentation exclusive à une Société commerciale fortement capitalisée, l'acte reflètera dans toutes ses particularités, la précision qui commande l'objet même de ces intérêts.

ARTICLE PREMIER. — M.
engage M.   , en qualité de représentant à la commission pour vendre pour son compte, à son nom et à ses frais et risques, les marchandises dont il a le dépôt (ou dont il a la concession) (ou les articles qu'il fabrique).

ART. II. — Le représentant s'engage, pendant toute la durée des conventions présentes, à ne recommander et à ne vendre ni directement, ni indirectement que les articles du représenté, consistant notamment en :   et ce, à l'exclusion de tout autre similaire.

§ A. — Il s'engage, en outre, à employer tout son temps à la vente des dits articles. Il devra se présenter aux bureaux du représenté chaque jour pour y prendre les instructions de la maison.

§ B. — Il s'oblige à remettre au représenté des rapports écrits fréquents sur son travail de sollicitation et, s'il voyage, à adresser chaque jour un rapport sur son travail.

§ C. — Il s'oblige à ne pas correspondre, par écrit, avec sa clientèle, autrement qu'avec l'assentiment et au nom du représenté.

§ D. — Il s'engage à tenir secrets les renseignements qui lui seront fournis, par le représenté, sur la marche de l'affaire, et à lui retourner, à son départ, tous les documents, états, etc., qui lui auraient été confiés pour son éducation ou son argumentation auprès de ses clients.

ART. III. — Le représentant recevra, à titre de rémunération unique, les commissions suivantes :
% sur

En cours de voyage, les frais de route, d'hôtel, de correspondance, de représentation seront à la charge du représenté qui les paiera au représentant sur production d'une note détaillée, envoyée chaque semaine.

§ A. — Dans le cas où des ventes conclues par le représentant, même quand elles auraient été acceptées par le représenté, seraient annulées pour une cause quelconque, en partie ou totalité, de même si des factures subissaient des réductions, des escomptes supplémentaires, ou s'il y avait retour de marchandises, ou encore en cas de litiges, la commission due serait de même annulée ou réduite, et si elle avait été payée, le montant correspondant en serait déduit sur le prochain réglement.

ART. IV. — Le paiement des commissions par le représenté au représentant aura lieu après l'encaissement des factures échues. Le réglement en sera fait mensuellement, du 1er au 10 de chaque mois, sur relevé établi par le représenté et acquitté par le représentant.

ART. V. — Le représentant ne sera pas ducroire de ses ventes, mais, par contre, le représenté a le droit, sans contrôle, de refuser telle commande apportée par le représentant qui s'oblige de n'accepter les commandes que sous ratification du représenté.

ART. VI. — La région dans laquelle le représentant recrutera les commandes est délimitée comme suit :

et il y exercera seul son droit de représentation.

§ A. — Toutefois le représentant n'aura pas le droit à sa commission, au cours des premiers mois de cet arrangement, sur les ventes qui seraient faites dans la région délimitée par le représenté directement, à moins que, avant la réalisation de ces ventes, elles aient été signalées par écrit par le représentant au représenté. Il est entendu toutefois que ces ventes directes ne seront pas le résultat d'une sollicitation du représenté, mais seront simplement des achats inopinés.

§ B. — Après les   premiers mois de cours régulier de cet arrangement, le représentant aura droit à sa commission pleine et entière, sur toutes les ventes traitées soit par lui, soit par le représenté, dans la région délimitée.

ART. VIII. — Cet engagement aura une durée de   années consécutives, à dater de la signature des présentes conventions.

§ A. — Toutefois le représenté aura le droit d'y mettre un terme avant l'expiration si la production du représentant était notoirement inférieure et si, notamment, en toutes circonstances, cette production n'atteignait pas le chiffre de   dans une période quelconque de   . Notification de rupture devra être faite par le représenté au représentant   mois à l'avance, et si, au cours de ces   mois de préavis, le chiffre atteint par le représentant compensait la différence en moins dans le chiffre d'affaires qui avait donné au représenté le droit de rupture, l'engagement se poursuivrait comme si la notification de rupture n'avait pas été donnée et cette dernière serait tenue comme nulle et non avenue.

§ B. — La même faculté de rupture est laissée implicitement au représenté en cas de malversations de la part du représentant, ou pour toutes autres causes atteignant la réputation du représenté.

§ C. — Le représentant aura, de son côté, la faculté de rompre cet engagement, à quelque moment que ce soit, après les   premiers mois de son cours, en prévenant le représenté   mois à l'avance.

§ D. — A l'expiration de ce contrat, ou à l'expiration en cas de résiliation anticipée, le compte des commissions du représentant sera établi sur toutes les ventes effectuées par le représentant qui l'acceptera après examen. Ce compte ainsi accepté servira de base au paiement, à leur échéance respective, des commissions établies à moins qu'un nouvel arrangement n'intervienne entre les parties pour le réglement immédiat de toutes les commissions échues ou non.

§ E. — Sauf résiliation anticipée, à l'expiration de la durée des présentes conventions, le contrat se trouvera annulé de lui-même, sans que cette annulation prévue donne lieu à aucun préavis, ni indemnité de quelque sorte par l'une des deux parties envers l'autre.

(Ajouter ici les clauses de protection que nous avons examinées plus haut.)

Particularités du contrat d'employé-représentant

Le contrat d'employé-représentant n'exige pas, après l'exposé qui précède du contrat de représentation simple, une argumentation spéciale à d'autres faits que ceux des responsabilités légales qu'entraîne la position respective d'employeur et d'employé.

L'employé cumule cette fonction avec celle

4

de vendeur. Si, par suite de maladie ou d'accident, il suspend son travail, son contrat n'est pas rompu et il bénéficie des lois protectrices de l'assurance. Il est tenu, par contre, à un service courant, à des heures de présence dont l'inobservation entraîne un dommage justifiant la rupture.

En tant qu'employé rétribué par un salaire mensuel, il peut être congédié de mois en mois, de même qu'il peut donner congé dans le même délai, et ce droit réciproque de rupture à périodes déterminées, est la base même du contrat d'employé. La compensation supplémentaire par commissions sur des ventes effectuées par l'employé n'est pas, pour l'employeur, une obligation de garder l'employé à son service. Du moins, l'employeur n'aliène aucun des droits que le représentant simplement à la commission peut, en certains cas, revendiquer. Ici, nous avons un travail par association. Là, par collaboration. Les parties contractantes ne doivent donc pas subordonner la fonction d'employé à la mission du vendeur, mais au contraire faire dépendre celle-ci de celle-là.

Voici les modifications d'aspect général à introduire dans le type du contrat de représentant décrit ci-haut, pour lui imprimer le caractère du contrat d'employé :

Article premier. — M.   engage M. comme employé et le charge de vendre

Art. II. — Les heures de présence de l'employé-vendeur (ou représentant) sont ainsi fixées, de   à   . Il se conformera aux instructions de l'employeur autant en ce qui con-

cerne le travail intérieur qui lui serait demandé
qu'en ce qui touche à la sollicitation extérieure.

Art. III. — L'employé-vendeur sera payé au
salaire mensuel de frs   et recevra, en
outre, les commissions suivantes
qui lui seront payées, etc.

Art. VIII. — Ce contrat couvrant, d'un commun accord, les relations d'employeur à employé, il est expressément convenu entre les
parties que, malgré les avantages consentis au
dernier concernant les commissions, leur date
de payement et l'extension du bénéfice qui
régit ou régirait cette sorte de rémunération
supplémentaire, les parties ne restent réciproquement engagées que de mois à mois et que
chacune d'elles a la faculté de rompre les présentes conventions, à quelque moment que ce
soit, pour la rupture prendre date à la fin du
mois au cours duquel le congé aura été donné.
(Tous les autres paragraphes tombent d'eux-
mêmes, sauf le paragraphe D de l'art. VIII du
contrat des représentants (page 61), stipulant
le mode de réglement des commissions à la
rupture.)

DU CONTRAT
DE LOUAGE DE SERVICES

C'est à tort que des engagements du personnel employé se pratiquent sans qu'un contrat intervienne entre eux et l'employeur. On objecte, il est vrai, que dans la pratique, la fréquence des engagements et par suite des résiliations, dans une entreprise importante, entraîne à un mouvement de contrats soi-disant fastidieux. Je réponds que c'est justement la fréquence de l'acte qui justifie la méthode et qui doit créer, par sa répétition, l'arme de défense à laquelle fatalement les parties auront recours un jour, pour se protéger mutuellement des exactions résultant d'une mésentente (1).

Le contrat de louages de services emprunte des formules très simples, mais encore faut-il qu'il soit établi suivant les règles d'administration intérieure de l'employeur, et selon les us et

(1) *La Pratique commerciale* du même auteur (Encyclopédie scientifique — Bibliothèque de Psychologie appliquée), chap. : Qualités du commerçant pour réussir, pp. 247-348-249. — O. Doin et fils, éditeurs, place de l'Odéon, 8, Paris, et chez G. et M. Ravisse, 52, rue des Saints-Pères, Paris.

coutumes de la place. Une formule doit être adoptée en se conformant aux conseils d'un avocat, et le contrat, imprimé, aplanira toutes les difficultés de rédaction ou de copie, de même qu'il constituera un document officiel permettant, plus tard, de suivre la marche ascendante de l'employé, par l'adjonction à ce dossier unique, comprenant également l'énumération des références de l'employé, des changements intervenus dans la situation de ce dernier, et des diverses promotions dont il aurait été l'objet.

Le contrat de louage de services est généralement conçu sur la base d'un salaire payé mensuellement ou hebdomadairement. Dans les deux cas, les tribunaux admettent en thèse générale que le préavis de rupture, de part et d'autre, compte de mois à mois ou de semaine à semaine, et non de trente à trente jours ou de huit jours à huit jours. C'est-à-dire que le préavis donné au cours d'un mois ou d'une semaine quelconque n'exonère pas les parties, à moins — et même devant certains tribunaux — *malgré des stipulations contraires*, à moins aussi de fautes graves de l'employé, de remplir leurs engagements tant au cours du mois ou de la semaine dans lesquels le congé est donné que dans le cours du mois ou de la semaine qui suivent.

L'employeur peut toujours se séparer d'un employé en lui payant l'indemnité de préavis d'un mois ou d'une semaine en sus des jours courant du jour du préavis à la fin du mois ou de la semaine dans lesquels ce préavis est donné.

De même l'employé peut toujours quitter son emploi même d'un jour à l'autre, pourvu qu'il

4.

indemnise l'employeur d'un mois ou d'une semaine de son salaire. Toutefois, il ne semble pas que sur ce point la législation soit clairement établie, et c'est pourquoi je disais plus haut que le contrat de louage de services devait se conformer aux us et coutumes de la place.

De ce qui précède résultera le type de contrat que voici dans ses grandes lignes :

Type d'un contrat de louage de service

Article premier. — M.   engage M.   qui accepte, comme employé (comptable, sténographe, magasinier, etc., etc.) à dater du

Art. II. — Les heures de présence sont fixées de   à   .

Art. III. — M.   recevra un salaire mensuel (hebdomadaire) de   ·   , payable à la caisse de l'employeur chaque fin de (mois ou semaine).

Art. IV. — Dans le cas de fautes graves commises par l'employé au préjudice de l'employeur, le congé immédiat pourrait être donné par ce dernier au premier.

Art. V. — Il est expressément convenu entre les parties que l'effet des présentes conventions court de (mois à mois ou de semaine à semaine) et que la résiliation, à quelque moment que ce soit par l'une quelconque des deux parties, n'entraînerait pas d'autres formalités que celle du préavis (d'un mois ou d'une semaine), prenant effet pour la fin (du mois ou de la semaine) au cours duquel il aurait été donné.

Art. VI. — L'employeur s'engage à payer ponctuellement à l'employé le salaire convenu aux présentes. L'employé s'engage à remplir ponctuellement les devoirs et obligations pour lesquels il reçoit son salaire.

Art. VII. — Les parties déclarent expressément n'être liées que par les présentes conventions.

Art. VIII. — L'attribution de juridiction est fixée d'un commun accord au Tribunal de Commerce de   .

DU CONTRAT DE LOCATION

Je prie de remarquer que par « Contrat de location », je n'entends pas dire de location immobilière, mais de location d'objets mobiliers, principalement de machines ou d'outils de production.

Les maisons qui traitent la location d'articles manufacturés, notamment de pianos, machines à coudre, bicyclettes, machines à écrire, machines à imprimer, etc., etc., ne sauraient établir un contrat efficace leur garantissant la ponctualité des payements locatifs et leur assurant la propriété de l'objet loué, sans avoir recours à l'expérience d'un homme de loi connaissant toutes les sinuosités de ce genre de contrat. Plus que les autres, dont je n'ai examiné que les plus communs, le contrat de location est régi par des lois de protection non seulement pour le bailleur et pour le locataire, mais aussi pour le propriétaire de l'immeuble où sera déposé l'objet loué.

Comme cette étude, ainsi que je l'ai spécifié dans mon Avant-Propos, s'écarte de tout commentaire des lois, je ne saurais donc utilement fixer des règles relevant de la jurisprudence.

Le commerçant, l'industriel qui entreprennent la location d'objets mobiliers doivent donc se garder d'établir délibérément un contrat de location, mais s'en remettre, sans hésitations, aux lumières de leur conseil juridique. Seul, celui-ci saura, suivant la valeur des objets offerts en location, leur utilité, leur rendement, le taux des loyers, extraire des formules de rédaction et défendre, s'il y a lieu, le contrat devant la justice compétente.

Et lorsqu'il s'agira d'un contrat de location-vente cette collaboration sera absolument indispensable.

La location-*vente* ne fait pas l'objet d'un chapitre, parce que, juridiquement parlant, le contrat de location-vente ne saurait exister. Nos lois ne permettent pas tout à la fois de louer un objet et de le vendre. Une location simple sauvegarde les droits du bailleur à l'égard de la masse des créanciers du locataire, alors que dans la vente à terme, colorée des clauses d'un contrat soi-disant de location-vente, l'objet loué entrerait dans la masse au même titre que tous les objets ou marchandises de l'actif.

Si l'on en juge par les décisions contradictoires des juges consulaires et même d'appel, l'accord ne s'est pas encore fait sur une formule précise séparant le contrat de location d'un autre contrat dans lequel est réservée au locataire la faculté de se rendre acquéreur de l'objet loué.

Toute la valeur d'un contrat de location-vente puisque, malgré tout, il en existe, tient dans la subtilité de l'exposition du fait.

Je connais certains juristes éminents qui, par cette précision des faits et leur concomittance, arrivent à donner à ce genre de contrat l'allure et la force du contrat de location simple, en fixant par un texte contourné cette faculté ambiguë d'être à la fois locataire et propriétaire sous certaines conditions.

D'autres estiment que la totalité des loyers mensuels que le bailleur consent et que le locataire s'engage à payer, ne doit pas excéder 72 p. 100 du prix total de la chose ainsi louée, et que pour combler les 28 p. 100 restant à payer, pour parfaire le prix, il y a lieu d'obtenir du locataire un versement espèces aux mains du bailleur en garantie de l'exécution normale du contrat. Et que, sans nuire aux droits de propriété du bailleur, il peut être adjoint au contrat de location une clause de « promesse de vente » qui, si elle n'est pas exercée par le locataire, lui assurerait, à l'expiration de la location, le retour des 28 p. 100 de garantie. Et, si elle est exercée, le rend incontinent propriétaire de l'objet loué par l'annulation de la clause de remboursement de sa garantie.

Cependant il est arrivé que ces clauses, en apparence si exactes, n'ont pas été admises par le Tribunal parce qu'il s'est trouvé maintes fois des sous-arrangements qui en corrompaient la netteté de volonté si nettement déguisée. Je citerai, entr'autres, ce fait que des traites du montant et du nombre total des mensualités prévues au contrat ayant été mises en circulation, un Tribunal a trouvé là une preuve flagrante que la location dont il s'agissait

n'était qu'une vente à terme cachée, puisque
le bailleur entendait battre monnaie du
montant total des loyers comme il aurait pu
le faire s'il s'était agi d'une vente ferme à
terme.

Et de fait tous les contrats de locations avec
promesse de vente, ou avec faculté pour le locataire d'acquérir à quelque moment que ce soit,
sont des ventes à terme que le bailleur réalise
réellement et des achats à longs payements que
le locataire entend bien contracter. Il ne peut
y avoir de doute sur ce point, car dans un contrat de location simple, le bailleur loue pour un
certain temps, stipule le montant des loyers, le
mode de paiement, dit que l'objet loué reste sa
propriété, que le locataire s'engage à le laisser
visiter par le bailleur quand et comme il con-
vient à ce dernier, et que l'objet loué rentrera
dans les magasins du bailleur à l'expiration du
bail, et qu'il a encore recours contre le locataire pour telles réparations ou remises en état
nécessitées par l'usage. En somme, dans ce contrat de location simple, nous revenons au contrat de bail connu.

Les formules additionnelles de « promesse
de vente », « faculté d'acquérir » ont pour but
unique, en transgressant la loi, de réserver un
droit de propriété au bailleur au détriment de
la masse des créanciers.

Malgré cela, il y a des contrats de location-
vente qui peuvent tenir et tiennent en justice, à
la condition toutefois que des traites ne soient
pas utilisées. Lorsqu'il s'agit d'articles courants,
de prix peu élevés, le commerçant jouissant
d'un bon capital peut envisager de telles loca-

tions. Mais il faut encore que le montant de chaque loyer mensuel soit en rapport avec le prix de l'objet. Sur un article du prix de mille francs, les juges accepteront vraisemblablement un taux de loyer de vingt-cinq et même de cinquante francs, alors qu'ils ne sauraient accepter un taux de 150 ou même de 100 francs.

Mais lorsque le contrat porte sur des machines de haut prix, à haut rendement, les difficultés augmentent avec les risques, et la convoitise du syndic-liquidateur, représentant les créanciers, se trouve décuplée en présence du gros morceau que le contrat prétend de ne pas lui laisser. On comprend que, placée sur ce terrain, la question des droits soi-disant imprescriptibles du bailleur, devient une question de latitude et que tel contrat dont on aura pu sauvegarder tous les avantages devant telle juridiction, sera considéré comme une transgression à la loi par telle autre.

En résumé, je le répète, il n'y a pas de location-vente à proprement parler. Il y a seulement des contrats de location qui, par la subtilité de rédaction à laquelle seul un juriste peut atteindre, prétendent laisser et laissent fréquemment tout à la fois au bailleur ses droits de bailleur et de vendeur et, au locataire, ses droits de locataire et d'acheteur.

Mais il n'y a pas et il ne peut y avoir une garantie absolue que ces droits seront strictement réservés, tant que la jurisprudence actuelle à l'égard de la masse des créanciers subsistera.

L'industriel, le commerçant pratiquant la vente à terme, sous la forme de contrats-locatifs,

après qu'ils se seront assurés par la collaboration
d'un juriste rompu à ce genre de défense qu'ils
tiennent un contrat dans lequel leurs droits sont
efficacement réservés, devront cependant se
représenter que, malgré tout, ces risques ne
disparaîtront que lorsque leur contrat aura
reçu, plusieurs fois, une sanction légale favo-
rable à leurs intérêts. Jusqu'à ce m ment-là,
la prudence ne saurait trop leur être conseillée,
à moins qu'à l'avance ils n'aient fait la part du
feu par le sacrifice d'une partie de leur bénéfice
de chaque contrat pour couvrir les pertes glo-
bales, inévitables, de ceux qui n'arriveront pas
à terme. C'est peut-être là la seule solution sage:
celle de l'établissement d'un prix de l'objet loué,
tel que la moyenne dans la continuité de
payements échelonnés puisse couvrir les pertes
provenant de tous les contrats similaires n'atteignant pas leur maturité.

Que devient le locataire dans ce genre de transactions ? Nous paraissons l'avoir quelque peu
négligé. C'est aussi que sa position est sûre.
Il loue, il paye, et pendant tout le temps où il
loue et paye, il a l'usage de la chose louée, sans
conteste comme sans désagréments. Qu'arrive
t-il à l'expiration du contrat de location ? S'il a
entendu acheter, il se borne à garder la marchandise, même si la promesse de vente, ou la
faculté d'acquérir telles qu'elles sont formulées
au contrat, ne sont pas suffisamment précises.
Le locataire s'inquiète peu que le contrat qui
lui est présenté à la signature soit plus ou
moins subtil. Il entend bien acheter, la justice
est pour lui. S'il ne paye pas, on lui reprend
l'objet loué. Il ne court d'autres risques que

celui de voir le bailleur tenter d'obtenir la restitution après que les mensualités régulièrement payées ont couvert le prix de l'objet. Mais, alors intervient ici la clause additionnelle de promesse de vente ou de faculté d'acquérir qui, si elle peut être tournée contre le bailleur dans une liquidation, ne saurait toucher le locataire en affaire active ni être interprétée par le bailleur aux dépens du locataire.

Ce dernier doit prendre la précaution de se faire échanger toutes les quittances locatives au moment du payement de la dernière contre une facture acquittée qui constituera son titre de propriété.

On comprend, en outre, que le droit par le bailleur de retirer l'objet loué à quelque moment que ce soit au cours du contrat, même si une seule mensualité n'est pas ponctuellement payée, est tant soit peu léonin, surtout lorsque le locataire a régulièrement payé, quelquefois jusqu'à l'avant-dernière échéance. Il ne l'est pas moins pour les créanciers lorsque (à ce moment-là) intervient une liquidation.

On voit à quelles contestations donnera lieu ce droit soit en face des créanciers alarmés, soit à l'égard du locataire menacé, même pour quelques jours de retard, de se voir retirer une machine qui quelquefois constitue son seul outil de production et de fortune.

Quoiqu'il en soit, le contrat défend le locataire contre les entreprises déloyales du bailleur.

Si, d'autre part, le bailleur n'est pas complètement armé par la loi contre les risques qu'il court, il peut, en grande partie atténuer

ces risques en observant les prescriptions que
voici :

1º Ne jamais écrire dans la correspondance
avec le locataire, de l'article loué comme lui ap-
partenant. Ne pas dire « votre machine », par
exemple, mais « la machine que je vous ai
louée » ou « l'objet du contrat intervenu entre
nous, le   ».

2º Aviser le propriétaire de l'immeuble dans
les huit jours qui suivent le dépôt de l'objet
loué que tel objet de tel matricule a été déposé
dans son immeuble et que « conformément à la
loi il en est informé pour réserver les droits du
bailleur ». Cette lettre sera recommandée avec
accusé de réception à défaut d'une signification
par huissier. Un locataire peut avoir sous-loué
d'un locataire principal. Ce serait donc à ce locataire principal que l'avis devra être donné.
Le bailleur devrait alors s'assurer que la sous-
location a bien été régulièrement consentie par
le propriétaire.

3º Ne pas envoyer de facture de débit au locataire, puisque la facture constitue un titre de
propriété.

4º Ne pas se rembourser par traites acceptées par le locataire.

5º En cas de non-paiement ponctuel d'une
seule mensualité, aviser le locataire que conformément à tel article du contrat, le bailleur réserve son droit de reprise de l'objet loué.

6º L'objet loué ne pouvant être déplacé sans
l'assentiment du propriétaire bailleur, au préalable et par écrit, si une infraction était faite à
cette clause, aussitôt qu'elle sera connue du bailleur, s'il l'approuve, il fournira cette autori-

sation par écrit comme si elle lui avait été régulièrement demandée. Le propriétaire de l'immeuble où est, à nouveau, déposé l'objet loué, devra recevoir, comme dans le premier cas, la notification du dépôt.

Ces règles de métier préviendront bien des fois les conséquences d'infraction au contrat de location ou de location-vente.

OBSERVATIONS DE FAITS

En assignant à ces observations leur place en
fin de volume, j'entends marquer qu'étant généralement connues du commerçant elles n'auront peut-être, pour lui, qu'un intérêt relatif.

Cependant comme cette étude s'adresse même
à ceux qui n'auraient pour mission que la préparation, voire même que la copie ou la com-
pulsation de l'acte, mes observations ensei-
gneront peut-être aussi à ces derniers, certaines particularités qu'ils connaissent mal ou
qu'ils auraient oubliées.

En tête de mon introduction, je disais qu'il
fallait être court dans la rédaction. J'ajoute
que, dans la rédaction d'un contrat, le précepte
du poète « cent fois sur le métier remettez votre
ouvrage » doit être suivi. Un contrat n'est pas
du style. Il n'est qu'un arrangement grammat-
tical de mots abstraits, et de phrases bien ponc-
tuées. Tous les mots qui peuvent être suppri-
més, sans nuire à la clarté, doivent disparaître
sans merci. Il ne peut y avoir de termes dubi-
tatifs. Un fait est ou n'est pas. Il sera ou ne
sera pas. Un droit s'exercera ou ne s'exercera

pas. J'achète, je paye. Je vends, je livre, je touche, je garantis. J'accepte, je refuse. Je donne, je reçois. J'engage, je restitue, je consens. De l'arrangement, en quelque sorte numérique, de ces mots, découle la concision, comme la précision dépendra de la corrélation des clauses principales avec les clauses subsidiaires, autrement dit les sous-clauses. Les soulignés sont des superfétations, parce que chaque mot, chaque terme, ne peuvent avoir de valeur autre que celle qu'ils déterminent.

Que le lecteur se représente la difficulté de compréhension dans un contrat où à tout article il y a obligation de revenir en arrière ou de feuilleter en avant pour rechercher l'origine des stipulations.

La répétition de mots et de phrases entières est certainement très fastidieuse, mais ici cette répétition s'impose. Chaque article doit être complet pour présenter une formule indépendante ayant toute sa vie propre, c'est-à-dire n'ayant pas, autant que possible, à emprunter au passé ou à l'avenir pour être expliqué ou saisi.

Il y a certaines règles à observer dans la disposition du texte sous le rapport de l'aspect. Peu de contrats aujourd'hui revêtent la forme manuscrite. La copie dactylographiée domine heureusement. Il est à désirer qu'elle soit employée pour tous les contrats.

Dactylographier à crans serrés. Ne pas écrire dans les marges du papier timbré : on est passible d'une amende lorsqu'un acte sur timbre a été écrit sur toute la largeur du format. Séparer les articles par deux crans ou alinéas. Les articles

eux-mêmes doivent figurer au milieu de la page
pour les distinguer des paragraphes. Exemple :

ARTICLE PREMIER. — *Engagement.*
M   engage M   en qualité de représentant pour vendre pour son
compte, à son nom et à ses frais, etc...

§ A. Il s'engage en outre, à employer tout
son temps à la vente des dits articles. Il devra,
etc. etc.

Pour la clarté de l'exposition, indiquer comme
ci-haut autant que faire se peut la clause que
l'article va exprimer. Par exemple le contrat
de vente :

ART. II. — *Prix.*

ART. III. — *Livraison.*

ART. IV. — *Réglement.*

ART. V. — *Garantie.*

Dans le contrat de concession :

ART. PREMIER. — *Concession.*

ART. II. — *Territoire concédé.*

ART. III. — *Prix.*

ART. IV. — *Livraison.*

ART. V. — *Réglement.*

ART. VI. — *Garantie.*

ART. VII. — *Minimum.*

ART. VIII. — *Durée.*

ART. IX. — *Contestations.*

ART. X. — *Juridiction*, etc., etc...

Cette disposition, par le fond de chaque article, trace le cadre et grave à l'intérieur chaque point de repère.

Avoir soin de relire les exemplaires à haute voix, en énonçant la ponctuation. Le déplacement d'un signe de ponctuation a déjà donné matière à procès.

Le papier timbré, tel qu'il est vendu par l'Etat, se prête mal à la transcription dactylographique, autant à cause de son épaisseur que par son tissu trop spongieux, excellent pour absorber l'encre fluide, très mauvais pour recevoir la frappe des caractères d'acier d'une machine à écrire. De plus, l'encre corrosive des machines à écrire ronge le papier timbré officiel et s'infiltre dans la pâte où elle forme une auréole qui, au moindre contact de l'humidité, s'étend et envahit les autres lignes pour former un amalgame coloré, quelquefois indéchiffrable. Mieux vaut employer du papier dur, spécial aux machines à écrire, rogné au format du papier-timbre, que l'on fera timbrer à l'Enregistrement avant la rédaction. On sait que l'Enregistrement est en droit de pénaliser un acte dont le droit de timbre se percevrait après la signature.

Ne dactylographier que sur le recto de la feuille, en barrant, par prudence, le verso d'une ligne diagonale. Dans ce cas, faire apposer les initiales des parties contractantes au bas et à droite de chaque feuille au recto, de façon que le verso témoigne, par le manque de visas, de sa non-valeur.

Ne pas surcharger. Les fautes de copie, les omissions, les rectifications seront consignées en marge par adjonction ou annulation du mot, du membre de phrase, et la marge constatera aussi les ratures, le tout approuvé par les initiales des contractants.

Ne pas oublier que la signature d'un contrat peut être contestée si elle n'est pas précédée des mots « Lu et approuvé ».

Signer, devant les intéressés, tous les exemplaires, même celui qui vous revient. Cette recommandation apparaîtra comme puérile. A la réflexion, cependant, on en saisira l'importance.

Enfin, même si les originaux sont écrits simultanément par l'interposition de papier de couleur sensible, il est prudent d'obtenir une copie supplémentaire pour chacun des contractants. Cette copie, non signée, devant servir à la manipulation courante, l'original rejoindra les autres documents précieux, préservés en lieu sûr.

Relier l'original sur une feuille de couleur cartonnée, et par le haut. Cette disposition facilite la lecture, préserve le document des souillures extérieures, permet de le plier dans cette chemise et d'y inscrire, sur la partie extérieure, la nature du document. Le classement s'opère alors aisément et épargne bien du temps dans la recherche.

Ainsi présenté, un contrat n'a plus rien de commun avec ces chiffons de papier froissés et déchirés aux plis dont le contact est aussi répugnant que la lecture en est pénible.

Petits faits. C'est entendu. Mais c'est de nombreux petits faits que les grandes choses proviennent, comme c'est de centimes que les grosses dépenses sont faites.

FIN

TABLE ANALYTIQUE

BIBLIOTHÈQUE ENCYCLOPÉDIQUE DES SCIENCES COMMERCIALES

Par Louis DAUBRESSE

En vente chez G. et M. RAVISSE, éditeurs, PARIS

*Chacun des Ouvrages de cette intéressante encyclopédie forme un grand volume in-8⁰ dont le prix est de **2** fr.*

Le Mécanisme des Opérations Commerciales :

I. Ventes commerciales.

Conditions générales de vente des marchandises. Qualité. Echantillonnage. Prix. Paiement. Livraison. Tare. Emballage. Dispositions légales concernant la vente commerciale. Conditions générales de vente. Commerce de commission. Courtage.

II. Transports maritimes et connaissements.

Transports maritimes. Des navires. Armateur. Capitaine. Consignataires et Courtiers de navires. Contrat de louage maritime. Charte-partie. Staries. Despatch money. Connaissement. Pluralité d'exemplaires. Mention du connaissement. Clauses marginales. Mate's receipt. Lettre d'indemnité. Délivraison des marchandises. Du fret. Cours du fret. Rôle du connaissement. Correspondance relative aux transports maritimes. Documents hors texte.

III. Assurances maritimes.

Généralités. Police d'assurance. Rouage commerciaux de l'assurance. Police d'assurances maritimes d'Anvers. Délaissement. Avarie commune. Règles d'York et d'Anvers. Règlement d'avarie commune. Avaries particulières. Franchises. Séries. Réglement des avaries particulières. Clauses 1900. Contrat d'assurance. Clauses conventionnelles. Police d'abonnement. Vocabulaire français-anglais.

IV. Modes de remboursement en usage dans le commerce d'exportation.

Généralités. Traites documentaires. Modalités relatives aux changes et aux monnaies. Francs effectifs. Francs or. Francs au cours du change à vue sur Paris. Modes de remboursement en usage avec l'Angleterre, les Indes, la Chine et le Japon, l'Australie et l'Amérique du Sud. Letter of hypothecation. Letter of lien, etc.

V. Calculs et Documents commerciaux.

Généralités. Remarques sur les opérations fondamentales. Calculs relatifs aux monnaies, poids et mesures anglais. Calculs du fret. Calculs relatifs aux florins. Factures. Facture simulée. Comptes de vente. Calculs des prix Foв, Cıғ, franco destination. Prix de revient. Calculs relatifs aux études d'introduction d'un produit sur un marché. Net produit des opérations. Calculs des bénéfices. Calcul du prix de vente dans le négoce. Manière de coter les principaux produits. — Parités.

Banque et Finances :

I. Correspondance commerciale.

Généralités. Format. Entêtes de lettres. Disposition. Enveloppes. Réponse aux lettres. Réception et expédition du courrier. Classement de la correspondance. Ecriture. Duplicata du courrier. Du style commercial. De la rédaction. Du fond des lettres. Formules imprimées. De la correspondance commerciale au point de vue juridique. Importance des écrits dans les affaires commerciales. Principes généraux. Applications. Lettres circulaires. Offres de services. Renseignements commerciaux. Communications télégraphiques et téléphoniques. Codes télégraphiques.

II. Opérations de Banque.

Compte de dépôts ou comptes chèques. Comptes de quinzaine. Comptes courants. Avances et ouvertures de crédit. Escompte et encaissement d'effets de commerce. Conditions appliquées à la négociation. Bordereaux. Autres opérations traitées par les Banques. Billets de banque. Banques d'émission. Variations du taux d'escompte. Banque nationale de Belgique.

III. Comptes courants et d'intérêts.

Généralités sur les comptes courants. Terminologie. Nombres rouges. Nombres rouges dans la méthode indirecte. Méthode hambourgeoise. Application des trois méthodes aux cas de variations du taux de l'intérêt et d'intérêts non réciproques. Méthode des soixante. Systèmes employés en France, en Allemagne et en Angleterre. Des comptes courants au point de vue juridique. Des conditions de banque relatives aux comptes courants.

IV. Changes et Arbitrages.

Généralités. Qualités que doit réunir la monnaie. Cote des changes. Calcul des changes. Nivellement des cours. Belgique. Bruxelles et Anvers. Traites exactes. France, Paris, Angleterre, Londres, Allemagne, Berlin, Autriche, Vienne. Arbitrage des changes. Arbitrage direct. Parités des échanges. Cote chiffrée. Spéculation des changes, etc...

V. Monnaies. Cotes des changes de tous pays.

Généralités. Théorie de la monnaie. Monométallisme. Bimétallisme. Matières d'or et d'argent. Monnaies. Union latine. Règle conjointe. Pair intrinsèque. Théorie du change. Gold point. Cote des changes. Calculs. Parités. Nivelle-

ment des cours. Cotes des principales places cambistes.
Arbitrages directs et indirects. Spéculations sur les changes, etc.. etc.

Comptabilité :

I. Organisation comptable.

Cet ouvrage se divise en trois parties : les *Comptes*, la
Méthode et les *Livres* et étudie successivement les questions suivantes : Le rôle de la science comptable. La
comptabilité en partie double. Ouverture des comptes.
Comptes du commerçant. Immobilisation. Magasins.
Effets. Frais généraux. Comptes particuliers. Balance de
vérification des comptes. Inventaire des marchandises,
clôture des comptes. Du bilan. Permanence de l'inventaire. Le livre-journal. Comptabilité rationnelle et comptabilité à journaux multiples. Livres à colonnes. Méthode
américaine. Livres à feuillets mobiles et fiches. Archives.

II. Comptabilité des Sociétés.

Souscriptions en espèces. Apports. Actions. Action-
naires. Versements non effectués sur appel de fonds. Versements anticipatifs. Exécution de titres. Augmentation
du capital social. Obligations. Emission des obligations.
Ecritures relatives au paiement des intérêts. Remboursement des obligations. Amortissement, etc., etc...

III. Du Bilan et de l'Inventaire.

Du Bilan. Principes comptables relatifs au bilan et au
compte Profits et Pertes. De l'inventaire et des amortissements nécessaires. But de l'amortissement. Nécessité
des amortissements. Amortissements extraordinaires.
Comment faut-il amortir. Coefficients d'amortissements.
Applications aux principes immobilisations. Comment
faut-il inventorier : cours du jour ou prix de revient, etc.

IV. Comptabilité industrielle.

Principes élémentaires. Du compte fabrication. Classi-
fication des comptes. Immobilisations. Matières premières.
Salaires. Entretien et réparations. Frais généraux. Organisation des services. Distribution des services. Journaux
multiples. Prix de revient. Applications, etc...

V. Prix de revient industriels.

Etablissement d'une industrie. Considérations relatives
au prix de revient. Du capital dans l'industrie. Son
influence sur le prix de revient. Réserves. Charges finan-
cières et prix de revient. Influence de l'origine du capital
sur l'administration des entreprises. Direction et organisation des services. Facteurs du prix de revient. Du prix
de revient global, etc., etc...

Orléans. — Imp. H. Tessier.

PUISQUE

les questions d'organisation
commerciale vous intéressent

LISEZ

MON BUREAU

o o *Magazine Mensuel Illustré* o o
de l'homme d'affaire et des méthodes modernes
o o *d'organisation commerciale* o o

Meubles, Méthodes, Systèmes,
Eléments d'organisation, Machines pour simplifier, perfec-
tionner, améliorer le travail
de bureau et en accroître le
rendement

❧ ❧ ❧

L'Abonnement : **Cinq francs par an.**
Le Numéro : **Cinquante centimes.**

❧ ❧ ❧

G. et M. RAVISSE
ÉDITEURS
54, rue des Saints-Pères, PARIS (VIIe)

www.ingramcontent.com/pod-product-compliance
Lightning Source LLC
Chambersburg PA
CBHW050558210326
41521CB00008B/1026